John L. Sandford und R. Loren Sandford

DIE ERNEUERUNG DER GEDANKEN

Verlag Gottfried Bernard
Solingen

Titel der Originalausgabe: The Renewal of the Mind
by John L. Sandford and R. Loren Sandford

Übersetzung: Werner Geischberger
Satz: CONVERTEX, Aachen
Grafik: image design, A. Fietz, Landsberg
Druck: Druckhaus Gummersbach

Alle Bibelzitate stammen aus der Elberfelder Bibel,
es sei denn, sie sind anderweitig gekennzeichnet.

ISBN 3-925968-57-1

Inhalt

Widmung

Für Ken und Donna Campbell, die schon seit mehr als fünfundzwanzig Jahren unsere Freunde sind.

Ken ist Geschäftsführer und Vorsitzender von „Elijah House". Er macht für uns die Termine, regelt die Angelegenheiten des „Elijah House", leitet die Veranstaltungen und kämpft sich durch die Tage und oft langen Nächte, in denen er all die zahllosen Details und Pläne entwirft und durchdenkt, die so wichtig sind, damit „Elijah House" auch in Zukunft vorwärtsmarschieren kann, um die Ziele zu erreichen, für die uns unser Herr ins Leben gerufen hat.

Donna ist die Sekretärin; sie geht ans Telefon und entscheidet, welche Ratsuchenden, die sich zur Seelsorge anmelden, zu welchen Seelsorgern gehen sollten; sie beantwortet die unzähligen Briefe und Zuschriften, kopiert unsere Lehrvideos, gibt Menschen, die sie bei der Arbeit stören, am Telefon seelsorgerlichen Rat und betet mit ihnen.

Gemeinsam leiten sie „Elijah House" so gut, daß Paula und ich keinen Gedanken an die Front daheim verschwenden müssen, während wir reisen und überall auf der Welt lehren; weil Ken und Donna die Verantwortung tragen, sind unsere Gedanken und unser Herz frei, um anderen zu dienen.

In Dankbarkeit und Liebe widme ich ihnen dieses Buch.

Ein Wort des Dankes

Loren, unser ältester Sohn, hat weit mehr zu diesem Buch beigetragen als nur die Kapitel acht und neun. Während wir diese Seiten schrieben, haben seine Gedanken und Predigten immer wieder unseren Horizont erweitert. In der zweiten Hälfte des Jahres 1989, als dieses Buch allmählich seine endgültige Form annahm, entdeckte Loren eine tiefere Dimension in seiner Beziehung zu Jesus; die Predigten, die er daraufhin hielt, hauchten unseren eigenen Andachten, unserer Anbetung und unserem gesamten Denken neues Leben ein.

Tony Lincoln, unser Schwiegersohn, mühte sich stundenlang ab, meinen weitschweifenden Wortreichtum in lesbares Material zu komprimieren.

Im Laufe der Jahre haben uns unzählige Brüder und Schwestern in Christus zur rechten Zeit sanft oder auch nicht so sanft ermahnt, und für die Zucht, der wir uns auf diese Weise unterzogen haben, bin ich überaus dankbar, denn: „Eisen wird durch Eisen geschärft; so schärft ein Mann den andern" (Spr 27,17; ZÜ). Ohne die Korrektur meiner Brüder und Schwestern würde ich noch viel mehr in der Finsternis meiner fleischlichen Gedanken herumtappen, als es ohnehin noch der Fall ist. Ein Großteil der Aussagen dieses Buches geht sowohl auf Lektionen zurück, die ich im Gespräch mit dem Leib Christi gelernt habe, als auch darauf, daß mir aufgrund des Austauschs mit anderen Dinge offenbar wurden, woraufhin ich umkehrte, meine Gedanken und mein Herz aufmöbelte und wieder in Übereinstimmung mit den Wegen unseres Herrn brachte.

Während ich an diesem Buch arbeitete, schrieb Paula gerade an dem Buch *Healing Women's Emotions*; ungeachtet dessen reservierte sie einen Teil ihrer kostbaren Zeit dafür, dieses Buch zu lesen, zu korrigieren und Vorschläge zu machen und es somit mit ihrer unvergleichlichen Weisheit zu verfeinern.

Schließlich wären da noch die vielen liebevollen Christen zu erwähnen, die auf unsere Bitten hin reagierten, die wir in unserer Elija-House-Zeitung und in Rundbriefen formuliert hatten, und ihr hart verdientes Geld spendeten, damit wir zum Schreiben mehr Zeit hatten. Tief in meinem Herzen spüre ich den Segen daraus, daß jene sich entschlossen haben zu geben, damit dieses Werk weitergehen kann, und ich möchte allen für ihre großzügige Unterstützung danken.

Doch all den Worten der Anerkennung und des Dankes fehlt etwas Entscheidendes, solange wir nicht auch unserem großartigen, gnädigen Herrn und Freund, Jesus Christus, dem Sohn Gottes und unserem Bruder gedankt und Lob gebracht haben. Die vergangenen sechs Monate waren das Beste, was man als Christ überhaupt erleben kann, weil er uns jeden Tag mehr umworben hat, ihn als erstes, als letztes und immer zu lieben. Es ist wirklich eine Freude und ein Segen, ihn zu kennen und zu erkennen, daß er sich den besten Wein bis zuletzt aufgehoben hat – sowohl hier in diesem Leben, als auch in der Zeit des Segens, die im Himmel folgen wird.

John L. Sandford

Vorwort

Vor einigen Monaten riefen mich John und Loren Sandford an und sagten, sie machten einen längeren Zwischenstop hier auf dem internationalen Flughafen Stapleton in Denver und fragten mich, ob ich die Zeit gemeinsam mit ihnen für eine Unterhaltung nutzen wolle. Ich sah darin eine Gelegenheit, neue Freunde besser kennenzulernen, also fuhr ich zum Flughafen, um sie dort gleich nach ihrer Ankunft zu treffen.

Nachdem wir ein behagliches Plätzchen gefunden hatten, wo wir es uns gemütlich machen und eine Weile miteinander plaudern konnten, erzählten wir uns Geschichten und sprachen über aktuelle Beobachtungen darüber, was der Heilige Geist derzeit im Leib Christi bewirkt. Als wir die Erfahrungen austauschten, die John in seinem Dienst der inneren Heilung, ich auf den Vineyard-Konferenzen und jeder von uns im alltäglichen Leben des Leibes Christi gemacht hatte, fiel uns auf, daß sich womöglich ein gewisser Trend abzeichnete: Christen machen auf mächtige Art und Weise Bekanntschaft mit dem Heiligen Geist, der in unseren Gottesdiensten, Konferenzen, Seelsorgediensten und bei anderen Gelegenheiten die verborgensten Winkel ihres Herzens berührt.

Wir haben beobachtet, daß Menschen regelmäßig von aufrichtigen Emotionen wie Trauer, Kummer und Reue übermannt werden und gelegentlich auch scheinbar unkontrolliert und herzzerreißend über irgendeine schrecklich schmerzhafte Wurzel wehklagen. Jeder Pastor, Seelsorger und Betreuer in einem Team, der etwas taugt, würde augenblicklich den Schluß ziehen, es finde tief im Innersten des betreffenden Menschen irgendeine Form von Heilung statt und würde auf der Stelle anfangen, voller Erbarmen dafür zu beten, daß die Liebe, die Kraft und die Gnade Gottes den Menschen in Not trösten und wieder heil machen mögen. Vor dem Hintergrund, daß einer der führenden Vertreter und Praktiker auf dem Gebiet der inneren Heilung an diesem Gespräch teilnahm, wurde die Diskussion recht lebhaft, als wir immer tiefer in die Themenbereiche eindrangen, die ohnehin auf der Hand lagen.

Im Laufe der persönlichen Gespräche mit Christen, die profunde geistliche Erfahrungen hinter sich haben, habe ich festgestellt, daß bestimmte Predigtbotschaften, Phasen der Betreuung, sowie Anbetung in einer öffentlichen Veranstaltung oder in der Abgeschlossenheit einer Seelsorgesitzung dem einzelnen eine Gelegenheit bieten, mit der noch nicht verarbeiteten Erinnerung an Sünde, die an ihm verübt wurde oder die er an anderen verübt hat, in Berührung zu kommen bzw. von ihr angerührt zu werden. In vielen Fällen scheint der Heilige Geist den Trauerprozeß in Gang zu setzen, der so oft den Anfang der emotionalen Heilung markiert.

Diese Augenblicke, die offensichtlich von einer großen Souveränität zeugen, geben dem Seelsorger und den Ratsuchenden Hoffnung auf eine augenblickliche und dauerhafte Veränderung; man weiß, daß Menschen, die derart kraftvolle Begegnungen mit Gott hatten, manchmal in ihrer Beziehung zu Christus wirklich eine neue Freiheit und Kraft gefunden haben. Doch in vielen anderen Fällen brachten diese Intermezzos überhaupt keine augenblickliche Erleichterung mit sich; vielmehr waren sie der Anfang eines sehr ernsten Kampfes und eines langwierigen Ringens mit den Auswirkungen der Sünde und dem, was sie hinterlassen hat.

Während ich mich mit John und Loren unterhielt, tauchte eine Frage auf, die garantiert jeden dreieinhalbstündigen Zwischenstop in Stapleton wie im Flug vergehen läßt: Wie passen die häufig auftretenden Wunder der emotionalen Heilung mit dem bisweilen schrecklichen und Disziplin fordernden Prozeß des Bekennens und Vergebens zusammen? Das Buch, das Sie vor sich haben, beschäftigt sich, ohne irgendetwas zu beschönigen, mit den Phasen, in denen der Heilige Geist souverän und manchmal schrittweise die Auswirkungen von Sünde in unserem Leben offenbart und sie auf den Altar des Bekennens legt. „Wenn wir unsere Sünden bekennen, ist er (Gott) treu und gerecht, daß er uns die Sünden vergibt …“ (1. Joh 1,9). Auch wenn man diese Bibelstelle normalerweise auf einen Frischbekehrten bezieht, ist es doch durchaus wahrscheinlich, daß der Weg, der uns ins Reich Gottes hineinführt, auch der Weg ist, der uns im Reich Gottes weiterführt. Daß Ihre Sünde angepackt wird, ist der Anfang der Treue Gottes, wie aus dem ersten Kapitel des ersten Johannesbriefes ersichtlich ist. Daß Sie die Auswirkungen der Sünde spüren, die an Ihnen verübt wurde, ist der Anfang der Gerechtigkeit Gottes. Die meisten Seelsorger und Mitarbeiter wissen, daß wahre Trauer der Anfang der Heilung und nicht notwendigerweise in sich selbst ein Ziel ist. Doch ein mangelndes Verständnis dessen, was Bekennen und Vergeben überhaupt bedeuten, hat dazu geführt, daß es innerhalb des Leibes Christi nicht wenige gibt, die an chronischen emotionalen Problemen leiden.

Das Buch *Die Erneuerung der Gedanken* von John und Loren wirft einen genauen Blick auf die Erneuerung des Sinnes, vom Wunder der augenblicklichen Befreiung, bis hin zum mühsamen und wiederholten Ablegen der Sünde, die uns so leicht bestrickt. „Und dies ist die Botschaft, die wir von ihm gehört haben und euch verkündigen: daß Gott Licht ist und gar keine Finsternis in ihm ist. Wenn wir sagen, daß wir Gemeinschaft mit ihm haben, und wandeln in der Finsternis, lügen wir und tun nicht die Wahrheit. Wenn wir aber im Licht wandeln, wie er im Licht ist, haben wir Gemeinschaft miteinander, und das Blut Jesu, seines Sohnes, reinigt uns von jeder Sünde. Wenn wir sagen, daß wir keine Sünde haben, betrügen wir uns selbst, und die Wahrheit ist nicht in uns. Wenn wir unsere Sünden bekennen, ist er treu und gerecht, daß er uns die Sünden vergibt und uns reinigt von jeder Ungerechtigkeit. Wenn wir sagen, daß wir nicht gesündigt haben, machen wir ihn zum Lügner, und sein Wort ist nicht in uns" (1. Joh 1,5-9). Wenn Johannes, der Geliebte, die Botschaft seines ganzen Lebens in einem einzigen bildhaften Satz zusammenfaßt, dann ist dessen Bedeutung für mich natürlich von überaus großem Interesse: Wenn Gott Licht ist und wir das Vorrecht haben, in tagtäglicher Gemeinschaft an seiner Seite zu gehen, dann wird das Aufdecken von Sünde ein ganz natürlicher, wenn nicht täglich wiederkehrender Teil dieser Erfahrung sein.

Die Passage aus 1. Joh 1,7 kann man noch aus einem anderen Blickwinkel betrachten und sagen: „Wenn wir aber im Licht wandeln und Gott sich so verhält wie das Licht, dann haben wir die ehrfurchtgebietende Aussicht, von einem Vater geliebt zu werden, der mit aller Sorgfalt und Beharrlichkeit sein Licht in die verborgensten Winkel unseres Seins scheinen lassen wird!"

Paulus betet für uns in Epheser 3,16-17: „Er gebe euch nach dem Reichtum seiner Herrlichkeit, mit Kraft gestärkt zu werden durch seinen Geist an dem inneren Menschen; daß der Christus durch den Glauben in euren Herzen wohne …" Weiters betet er in Epheser 3,18: „… damit wir Kraft haben, gemeinsam mit allen Heiligen …" (wörtl. a. d. Engl.).

Es ist sehr wahrscheinlich, daß wir, um die Höhe und die Tiefe, die Länge und die Breite der Liebe Christi zu erkennen, von ihm in der tiefsten Tiefe unseres Seins erkannt werden. Zu erkennen und auf dieser Ebene der göttlichen Beziehung erkannt zu werden heißt, in das Geheimnis einer Beziehung mit Gott zu kommen und dadurch die Reinigung unseres Herzens und die Erneuerung unserer Gedanken zu erfahren.

Gegen Ende unseres langen Gesprächs am Flughafen fiel mir auf, daß John und Loren schon sehr ernsthaft über das Material, das in diesem Buch präsentiert wird, gebetet und nachgedacht hatten. In einer Unterhaltung etwas darüber zu hören war ein inspirierender Vorgeschmack auf das, was noch kommen sollte. Ich ermutige Sie, den großen Segen, die Ermutigung und die Ermahnung dessen anzunehmen, was die folgenden Seiten beinhalten.

In den 80er Jahren sprachen die Regale der christlichen Buchhandlungen davon, wie wichtig es sei, sich selbst zu entdecken und herauszufinden, „wer wir in Christus sind". Ich hoffe, daß wir in diesem Jahrzehnt die Realität dessen entdecken werden, „wer Christus in uns ist".

Tom Stipe
Erster Pastor der
Vineyard Christian Fellowship
Denver, Colorado, USA

Einführung

> *Ich ermahne euch nun, Brüder, durch die Erbarmungen Gottes, eure Leiber darzustellen als ein lebendiges, heiliges, Gott wohlgefälliges Opfer, was euer vernünftiger Gottesdienst ist. Und seid nicht gleichförmig dieser Welt, sondern werdet verwandelt durch die Erneuerung des Sinnes, daß ihr prüfen mögt, was der Wille Gottes ist: das Gute und Wohlgefällige und Vollkommene* (Röm 12,1-2).

Unsere Gedankenwelt ist wie ein Computer: Wenn sich in ihr eine bestimmte Denkweise eingeprägt hat, folgt sie träge diesem Muster, einer gewohnheitsmäßigen Bahn, die sie nie verläßt, es sei denn sie wird aufgeschreckt oder mit einem Ruck aus dem Gleis gebracht.

Vor vielen Jahren diente ich als junger Pastor einer Gemeinde, zu der viele bettlägerige alte Menschen gehörten. Es machte mir große Freude, ihren Geschichten zuzuhören, wenn ich die Runde machte und ihnen das Abendmahl brachte. Eine kleine alte Dame erzählte mir mindestens vierzigmal im Jahr eine absolut identische Abfolge von Geschichten! Während sie mir immer und immer wieder die Geschichten aus der Zeit erzählte, als sie Vorarbeiterin in einer Seidenfabrik war, staunte ich stets aufs Neue, daß sie nie zu bemerken schien, daß sie genau dieselben Erzählungen schon hundertmal zuvor wiederholt hatte! Vierzigmal im Jahr hörte ich, wie sie ihren voreingenommenen, dummen Chef ausgetrickst hatte! Jedesmal war es dasselbe, routinemäßig, so als ob man eine Nadel auf der Rille einer Schallplatte aufsetzte – ich hörte denselben Tonfall, dieselben Pausen, denselben Atemrhythmus und dasselbe Kichern, sah dieselben Kopfbewegungen und wie sie in gespielter Überraschung die Hand vor den Mund legte.

Allmählich störten mich diese Besuche; damals war ich gerade voll im liberalen Fahrwasser und hatte die Realität und die Vorzüge dessen herumposaunt, daß die Gedanken frei sind.

Wie viele andere Liberale war ich der Auffassung gewesen, ich sei der Herr über meine eigenen Gedanken, ich könne ungehindert eine Angelegenheit studieren, daraus eine objektive Schlußfolgerung ziehen und dementsprechend handeln. Von der ersten Sonntagsschulstunde bis zur Predigt am vorangegangenen Sonntag hatten wir Lobreden darüber gehört, wie vermeintlich frei doch das rationale Denken sei, über Dinge nachzusinnen, Entscheidungen zu treffen und zu philosophieren; das war tief in uns eingeprägt. Ich hätte es mir ja ganz rational so erklären können, daß die fortschreitende Senilität einige meiner älteren Gemeindemitglieder in ihrem Gleis festzementiert hatte, wäre ich nicht so oft in meinem Umgang mit aufgeweckten, intelligenten, gesunden Menschen in den besten Jahren wachgerüttelt worden. Ich war total verblüfft, als ich mitansah, wie gebildete „christliche" Menschen mit guten Manieren dem Herrn dienten und sich überhaupt nicht darüber im klaren waren, daß in vielen Fällen ihre Vorstellungen, Methoden und Motive fast völlig von säkular-humanistischen Gedankengängen durchdrungen und eingegrenzt waren! Diese Beobachtung trug mit dazu bei, daß ich ein eingefleischter konservativer Evangelikaler wurde!

Seit jener Zeit haben Paula und ich in den dreißig Jahren der Seelsorge festgestellt, daß es die gewohnheitsmäßigen Gedankenschemata sind, die mehr als alles andere die Früchte der Seelsorge zunichte machen. In schwierigen Lektionen fanden wir heraus, daß es nicht reicht, längst vergessene Sünden im Blut zu waschen oder gewohnheitsmäßige *Verhaltens*muster ans Kreuz zu bringen. Die *Gedanken* des Menschen sind es, die neu *denken* lernen müssen. Bevor das neue Denken Christi aufgebaut werden kann, müssen gewohnheitsmäßige Denkschienen durchbrochen werden.

„Wo aber der Geist des Herrn ist, (*dort*) ist Freiheit" (2. Kor 3,17b; Hervorhebung vom Autor). Umgekehrt gilt: Wo sein Geist *nicht* ist, da ist *keine* Freiheit.

Paula und ich haben schließlich erkannt, daß der fleischliche Sinn nicht in der Lage ist, Dinge objektiv zu sehen. Unsere Gedanken beziehen ihre Informationen entweder vom Geist Gottes oder vom Morast des Fleisches!

> Denn die, welche nach dem Fleisch sind, sinnen auf das, was des Fleisches ist; die aber, die nach dem Geist sind, auf das, was des Geistes ist. Denn die Gesinnung des Fleisches ist Tod, die Gesinnung des Geistes aber Leben und Frieden; weil die Gesinnung des Fleisches Feindschaft gegen Gott ist, denn sie ist dem Gesetz Gottes nicht untertan, *sie kann das auch nicht*. Die aber, die im Fleisch sind, können Gott nicht gefallen. (Röm 8,5-8; Hervorhebung vom Autor).

Was seine Gedanken betrifft, muß sich jeder Christ einem zweifachen Problem stellen: Erstens muß er die bislang praktizierten Denkschemata, von denen er vielleicht noch nie erkannt hat, daß sie ihn knechten, ausreißen und vernichten. Ohne Hilfe kann er das nicht tun. Zweitens muß er danach streben, sich neu im Geist, in der Gesinnung Christi, zu verwurzeln.

Paulus sagte: „Wir aber haben den Sinn Christi" (1. Kor 2,16b; Menge). Was für eine herrliche Wahrheit! Das ist eine Tatsache! Sein Sinn *ist in uns*! Doch der fleischliche Sinn legt sein Zepter nicht ohne weiteres nieder.

Der Sinn Christi in uns ist eine Quelle ewiger Weisheit und Freiheit der Gedanken. Doch *wir müssen die alten Denkmuster loslassen, es lernen, uns in Jesus zu verwurzeln und Möglichkeiten schaffen, wie sein Sinn alle Kanäle unseres Denkens erfüllen kann.* Wie man das nun lernt, darum geht es in diesem Buch.

Es ist keine leichte Aufgabe, unser ganzes Denken nach dem Vorbild des Wortes Gottes umzugestalten. Dazu gehört sowohl äußerlicher als auch innerlicher Kampf. Unsere fleischliche Gesinnung ist wie Herodes, der – wenn er nur wüßte wo und wie – Christus töten möchte, der in uns sozusagen noch „in den Kinderschuhen steckt" und langsam heranwächst.

In der Frühphase unseres Lebens teilen wir unserem Sinn die Aufgabe zu, uns zu bewachen und uns auf Kurs zu halten. Doch jetzt, da wir von neuem geboren sind und den Heiligen Geist eingeladen haben, in unserem Leben zu herrschen, ist unsere fleischliche Gesinnung überhaupt nicht bereit, ihren Herrschaftsbereich aufzugeben. Vielmehr wird der Diener zum Herrn, und wie der „Mann der Gesetzlosigkeit" setzt sich unser fleischlicher Sinn „... in den Tempel Gottes und (gibt) sich für Gott aus ...“ – wobei „wir“ der Tempel Gottes sind (2. Thes 2,4; Menge).

Vom psychologischen Standpunkt her betrachtet, besteht die wichtigste Aufgabe unseres Verstandes nicht darin zu denken, zu planen oder zu regulieren, sondern vielmehr darin, Dinge auszugrenzen. In diesem Augenblick werden wir mit unzähligen unterschiedlichen Reizen bombardiert: unserer Sitzposition, der Beleuchtung, Geräuschen im Haus, Sorgen, die im hintersten Winkel unseres Bewußtseins an uns nagen, Hitze und Kälte, Hunger, Durst, Verlangen, Schmerz etc. Wenn unser Verstand nun nicht die meisten dieser Reize abweisen und entscheiden würde, auf welche wir achtgeben und reagieren müssen, würden wir in einem unerträglichen Chaos versinken und versuchen, gleichzeitig auf hunderte von Reizen zu reagieren! *Unser Tod am Kreuz bei der Bekehrung stellt für dieses regierende, fleischliche Zentrum der Entscheidungsfindung in uns eine immense Bedrohung dar.*

Bei der Taufe im Heiligen Geist geht es im Grunde nicht darum, welche Gaben wir empfangen; anfangs geht es nicht einmal darum, welche Frucht wir hervorbringen können. Das Entscheidende ist: *Wer hat das Sagen?* Der Kampf geht darum, wer die Zügel in der Hand hält. Aus diesem Grund sind es oft die intelligentesten unter uns, die die Taufe im Heiligen Geist als letzte empfangen. Ihr Verstand verfügt über größere Arsenale der Cleverness, um zu vermeiden, daß sie die Zügel aus der Hand geben und die Herrschaft dem Heiligen Geist übertragen! Die Hauptabsicht des Heiligen Geistes ist es, Jesus in allen Bereichen unseres Lebens zum Herrn zu machen. Deshalb ist die Taufe im Heiligen Geist nicht das Ende des Gedankenkriegs, sondern vielmehr der Anfang! (vgl. Röm 7,22-25)

Wahrscheinlich wird jedes Kapitel dieses Buches für den Leser weit mehr sein als eine Gymnastik für seine Gehirnwindungen. Vermutlich wird es für ihn wie das Spiel „Reise nach Jerusalem“ sein, bei dem sein fleischlicher Sinn lernen muß, sich *keinen* Stuhl zu ergattern, in dem er es sich gemütlich machen könnte; vielmehr muß er immer und immer wieder weggedrängt werden, bis er am Ende der Verlierer ist und keinen Platz mehr hat, auf dem er sich niederlassen und von wo aus er schalten und walten kann. Das kann gut und gerne eine Aufforderung zum Kampf sein – und zum Sterben.

Unsere fleischliche Gesinnung ist oft der letzte Feind, der in uns stirbt. Jesus kam, um all jene zu befreien, „… die durch Todesfurcht das ganze Leben hindurch der Knechtschaft unterworfen waren" (Hebr 2,15). Wir fürchten nicht den körperlichen Tod. Für Christen ist dieser Tod eine Befreiung und Belohnung. *Vielmehr fürchten wir den Tod unseres Ego.* Wir fürchten nicht so sehr den Tod schlechter Gewohnheiten, die, wie wir inzwischen erkannt haben, unserem Zeugnis abträglich sind. Nach dieser Form des Todes sehnen wir uns genauso, wenngleich unsere Furcht davor den Prozeß behindert. Der drohende Tod der eigenen Steuerung unserer Geschicke, also der Vorherrschaft unseres fleischlichen Sinnes über alles was wir denken und tun, die Furcht vor den vielen schrecklichen Dingen, die wir unserer Vermutung nach tun werden, wenn wir loslassen – das sind die Faktoren, die uns ein Leben lang wie Sklaven an unsere fleischlichen Denkweisen ketten! Es ist bezeichnend, daß Jesus auf Golgatha gekreuzigt wurde, auf dem „Schädel", dem Sitz der Gedanken, der ersten und letzten Wohnung der Sünde unter den Menschen.

Der Prozeß, im Laufe dessen die Herrschaft unseres fleischlichen Sinnes über uns stirbt, ist mit einem Sprung von einer Klippe vergleichbar, bei dem man scheinbar keine Garantie hat, daß man aufgefangen und festgehalten werden wird. Wir möchten schreien: „Ist da oben noch einer, mit dem wir reden können, Herr?" Doch das Paradox besteht darin, daß jeder, der an diesem Punkt sein Leben festhält, es verlieren wird (Mt 16,25), denn wenn wir die fleischliche und gedankliche Herrschaft über uns selbst aufrechterhalten, inthronisieren wir das Ich von neuem und fallen erneut der allerersten Versuchung Satans zum Opfer!

Jeder, der losläßt, findet echte Freiheit. Selbst derjenige, der intellektuell am wenigsten begabt ist, wird wahrhaft intelligent und weise, denn der Sinn, der sich ganz und gar auf den Geist ausrichtet, ist in Übereinstimmung mit dem, „… was des Geistes ist".

Teil I

Die Entthronung des fleischlichen Sinnes

1

Das Tier ist tot und muß tot bleiben

> Dies nun sage und bezeuge ich im Herrn, daß ihr nicht mehr wandeln sollt, wie auch die Nationen wandeln, *in Nichtigkeit ihres Sinnes*; *sie sind verfinstert am Verstand*, fremd dem Leben Gottes *wegen der Unwissenheit, die in ihnen ist*, wegen der Verstockung ihres Herzens; und da sie abgestumpft sind, haben sie sich selbst der Ausschweifung hingegeben, im Ausüben jeder Unreinheit mit Gier. Ihr aber habt den Christus nicht so kennengelernt, wenn ihr ihn wirklich gehört und durch ihn gelehrt worden seid, wie die Wahrheit in Jesus ist: daß ihr, was den früheren Lebenswandel angeht, den alten Menschen abgelegt habt, *der sich durch die betrügerischen Begierden zugrunde richtet, dagegen erneuert werdet in dem Geist eurer Gesinnung* (Eph 4,17-23; Hervorhebungen vom Autor).

„Schon ist aber die Axt an die Wurzel der Bäume gelegt; jeder Baum nun, der nicht gute Frucht bringt, wird abgehauen und ins Feuer geworfen“ (Mt 3,10). Die Wurzeln liegen unter der Oberfläche. In *Umgestaltung des inneren Menschen* und *Heilung des verwundeten Geistes* lehrten wir darüber, wie man die Axt an die Wurzeln unseres sündhaften Wesens legt. Andere haben gute Lehren zum selben Thema. Viele Menschen wurden frei. Doch zu viele sind zu ihren Sünden zurückgekehrt. Als wir „Warum?“ schrien, gab uns der Herr zur Antwort, viele Menschen hätten nie ganz verstanden, wie er heilt, nicht begriffen, wie notwendig es sei, Krieg zu führen, um Gedankenschemata zu überwinden, die uns anhängen wie eine Klette und nicht erkannt, wie wichtig es ist, neue Arten des Denkens und Fühlens aufzubauen.

Die ganze Dimension des Kampfes

Bislang haben nur wenige verstanden, welche Dimensionen der Kampf um die Erneuerung der bewußten Gedankenwelt annimmt. Es geht nicht nur darum, daß wir uns dafür *entscheiden*, unsere Denkweise zu ändern. Unser Verstand verfügt über Spuren oder Prägungen – Denkweisen, die sich uns in vielen Jahren eingeprägt haben und die man nicht so ohne weiteres durchbrechen kann. Wenn die Ratsuchenden, die wir betreuen, angefangen haben, ganz anders als früher zu reden, haben wir so oft gejubelt: „Aha! Sie haben's also geschafft!", doch in vielen Fällen war dem nicht so. Auf der bewußten Ebene haben ihre Gedanken zwar im Lauf der Zeit eine neue Bahn eingeschlagen, doch der alte Trott wurde nie restlos ausgemerzt. Man könnte das mit einem Motor vergleichen, der gerade generalüberholt wurde: Die neuen Kolbenringe (Gedanken) hatten noch nicht genügend Zeit, sich einzupassen, was zur Folge hat, daß im Druck des täglichen Lebens der Motor das Neue sprengt und wieder zu den vertrauten Gewohnheiten des Alten zurückkehrt. *Dahinter steht die fleischliche Gesinnung, die erneut die Zügel in die Hand nehmen möchte.*

Fred kam zu uns, weil er von der Eifersucht auf seine Frau immer wieder fast in den Wahnsinn getrieben wurde. Und sie war wirklich eine außergewöhnlich hübsche Frau, die jedem Mann sofort auffiel. Immer wenn sie gegen seine Vorhaltungen protestierte und sagte, sie würde nichts tun, um die Aufmerksamkeit anderer Männer zu erregen und hätte keinen Einfluß auf deren Verhalten, geriet Fred in Wut und klagte sie an: „Du flirtest aber mit ihnen! Du machst die Männer an!" „Du möchtest doch bloß mit diesen Kerlen ins Bett gehen. Das kommt bei ihnen an, und sie machen sich an dich ran. Das ist deine Schuld!" „Du hast einen Geist der Verführung! Irgendwas stimmt mit dir nicht."

In Glorias Vergangenheit fanden wir einige wenige Dinge, die Männer vielleicht wirklich veranlaßt haben könnten, sich ihr auf unangemessene Weise zu nähern; dort erfuhr sie Veränderung, doch Fred ging immer noch die Wände hoch. Er war nach wie vor hinter ihr her, so als ob sie jede Gelegenheit ergreifen würde, um ihm untreu zu werden. Also fingen wir an, die Wurzeln in Freds Vergangenheit zurückzuverfolgen. Seine Mutter war seinem Vater untreu gewesen. Es war nun nicht so, daß ihm die geheimen Liebhaber seiner Mutter lediglich so nebenbei aufgefallen wären. Er schämte sich oft zutiefst, wenn diese Männer zu ihnen nach Hause kamen, während sein Vater unterwegs war. Es war offensichtlich, daß er, solange er seiner Mutter nicht vergeben hatte, diese Erfahrung auf seine Frau projizieren und erwarten würde, daß sie sich wie seine Mutter verhalten würde. Er vergab seiner Mutter. Wir erachteten seine Erwartungshaltung, die Frau seines Lebens würde sein Vertrauen mißbrauchen und hinter seinem Rücken Liebhaber zu sich ins Bett holen, für tot am Kreuz.

Fred war eine Zeitlang frei. Wenn er mit Gloria ausging und sich die anderen Männer nach ihr umdrehten, war er einfach nur stolz darauf, daß er eine so wunderhübsche Frau hatte. Doch niemand hatte ihn je unterwiesen, daß sich jeder Christ konsequent disziplinieren muß, nachdem er den Herrn und seine Heilung für Herz und Sinn empfangen hat. Fred dachte, seine alten Gefühle und Denkweisen wären ein für allemal tot und würden ihm nie wieder Schwierigkeiten machen.

Natürlich waren sie tot. Aber sie blieben auf dem Grund seines Herzens und seines Sinnes liegen, tot, doch stets präsent. Als er dann durch seine Arbeit und die Kinder unter Druck kam und in seinem Gebetsleben nachlässig wurde, kamen die alten Gefühle und Gedanken wieder nach oben. Fred machte dann einen Fehler, der unter Christen wie Nichtchristen gleichermaßen weit verbreitet ist; dieser Fehler ist auch einer der Hauptgründe, weshalb wir dieses Buch schreiben: *Er glaubte, seine neu entfachten fleischlichen Gefühle und Gedanken seien das, was er wirklich fühlte und dachte; also fing er an, von neuem mit ihnen zu ringen, und gab so diesen alten Dingen wieder neue Kraft und neues Leben, worauf sie keinerlei Recht mehr gehabt hätten. Schon bald hatten seine Probleme wieder die Ausmaße von früher erreicht!*

Doch eigentlich war folgendes geschehen: Seine alten gewohnheitsmäßigen Denkweisen und Gefühle waren lediglich wieder aktiv geworden. Denken wir einen Augenblick darüber nach. Wir haben das Herz und die Gesinnung Christi. Unser altes Wesen ist mit ihm am Kreuz gestorben; er lebt jetzt mit seinen Gefühlen und Gedanken in uns und für uns – seine und unsere Natur sind eins: „Ich bin mit Christus gekreuzigt, und *nicht mehr lebe ich, sondern Christus lebt in mir ...*" (Gal 2,20; Hervorhebung vom Autor).

Fred hatte durch Kampf diese alten Gefühle und Denkweisen tatsächlich ans Kreuz geschlagen; sie waren wirklich tot. Er lebte mit neuen und ehrenhaften Denkweisen und Gefühlen für seine Frau. Aus diesem Grund waren die alten Denkschemata und Gefühle, die wieder zurückkehrten, um sich an seine Fersen zu heften, nicht wirklich real. Sie waren schlicht und einfach gewohnheitsmäßige Denkweisen und Gefühle, jedoch nicht – wie er als wiedergeborener Christ meinte – real in der Gegenwart vorhanden, auch wenn sie so taten.

Bloß weil jene alten Gedanken und Gefühle Fred wieder in den Sinn und ins Herz kamen, dachte er irrtümlicherweise, sie müßten wohl das sein, was er wirklich dachte und fühlte. Aufgrund dieser Meinung bekamen sie wieder neue Nahrung und Kraft, auf die sie gar kein Recht hatten; so geschah es, daß er sein Fleisch, das schon tot war, wieder aufleben ließ und völlig unnötig wieder ganz neu mit seinen alten Problemen kämpfen mußte, so als ob er nie geheilt worden wäre. *Unser Herz und Sinn, die fleischlich sind, würden uns lieber in den Abgrund immer wiederkehrender Schwierigkeiten stürzen, als ihre Macht über uns aufzugeben und zu sterben.*

Wenn Gedanken und Gefühle, die längst tot sind, wieder auftauchen

Die erste Lektion, die es bei der Erneuerung der Gedanken zu lernen gilt, lautet: Schenken Sie alten fleischlichen Gefühlen und Gedanken, die nach einem Heilungsgebet wieder zurückkommen, keinen Glauben. Wie viele Seelsorger wollen das durch Drill in die Köpfe ihrer Schützlinge hineinbekommen! Alte Gefühle und Gedanken, die schon lange tot sind, *werden* zurückkommen. Wenn wir glauben, diese Gedanken und Gefühle sind das, was wir wirklich fühlen oder denken, dann werden wir es mit unseren alten Problemen wieder zu tun bekommen, denn wir haben das wiederauferweckt, was tot war und ihm in unserem Leben erneut Macht gegeben.

Bitte hör' mir zu, Leib Christi: Du hast das Herz und die Gesinnung Christi! Wenn das Alte wiederkommt, ist das lediglich ein Echo des alten Ego, lediglich eine alte, eingeschliffene

Gewohnheit, die sich wieder wichtig macht, ohne ein echtes Ziel oder echtes Leben zu haben. Das ist nicht, was du wirklich fühlst oder denkst, es sei denn, du glaubst es und gibst ihm Leben und Macht. *Die Absicht, die dahintersteckt, ist das Verlangen des alten Ichs, seine Herrschaft über dich wiederzugewinnen.*

Vielleicht tun sich einige schwer, eine oder beide Vorstellungen zu begreifen oder zu akzeptieren, die Vorstellung nämlich, daß unsere Gefühle und Gedanken ein Eigenleben haben und nicht sterben wollen und daß wir manchmal etwas denken und fühlen, was wir in Wirklichkeit nicht denken und fühlen. Ich möchte mit einem Beispiel von der Theorie zur Praxis übergehen, damit Sie dies nachvollziehen können.

Ein zweijähriger Junge wurde von Eltern großgezogen, die die unbiblische Vorstellung geschluckt hatten, Kinder unter vier oder fünf Jahren sollten nicht gezüchtigt werden. Eines Tages bekam er einen Wutanfall. Seine Eltern waren schon zur Stelle, um ihn zu trösten (eigentlich hätten sie ihn einfach nur am Kragen packen und seine überkochenden Emotionen für ihn bändigen sollen). Das geschah öfters. Im Laufe der Zeit wußte der Junge, daß er ein mächtiges Werkzeug in Händen hielt: Er wußte, wie er diese Riesen springen lassen konnte!

Wenn er von nun an etwas wollte, brauchte er bloß einen Wutanfall zu bekommen und schon erfüllten ihm seine Eltern jeden Wunsch. Nach einiger Zeit konnte er nicht mehr unterscheiden, ob er nun wirklich zornig war oder nicht. Für andere Familienangehörige und Freunde war es offensichtlich, was Sache war; für die Eltern jedoch nicht.

Die manipulative Gewohnheit, zornig zu werden, um das zu bekommen, was er wollte, hatte in ihm ein Eigenleben entwickelt. Mittlerweile dachte er, sein Zorn sei real und aufrichtig, doch alle anderen – und inzwischen auch seine Eltern – konnten erkennen, daß das, was er seiner Meinung nach dachte und fühlte, überhaupt nicht das war, was er tatsächlich dachte und fühlte.

Daran erkennen wir, daß das, was wir denken und fühlen, manchmal tatsächlich nicht das ist, was wir in Wirklichkeit denken und fühlen. Sie entgegnen, das sei die Laune eines Kindes gewesen und Erwachsene würden so etwas nie tun? Doch genau darin liegt die Hauptaussage dieses Kapitels; hören

Sie noch einmal diese altbekannte Schriftstelle, die fast jeder auswendig zitieren kann: „Als ich ein Kind war, redete ich wie ein Kind, *dachte wie ein Kind, urteilte wie ein Kind; als ich ein Mann wurde, tat ich weg, was kindlich war*" (1. Kor 13,11; Hervorhebung vom Autor).

Unsere Gedanken und Gefühle, die wiederauferstehen, nachdem sie am Kreuz getötet wurden, sind genau das – so dachten und urteilten wir als Kinder. Wenn wir unter Druck stehen, neigen wir dazu, wieder auf die vertrauten Wege der Vergangenheit einzuschwenken. Vielleicht haben sie nicht mal funktioniert, vielleicht haben sie uns wirklich geknechtet, aber zumindest sind sie uns vertraut; wenn wir wieder in den alten Trott zurückfallen, haben wir unser altes, fleischliches Ego wieder an die Schalthebel der Macht gesetzt, auch wenn das paradoxerweise bedeutet, daß wir über unsere eigenen Emotionen und Gedanken die Kontrolle verlieren!

Die Disziplin, die jeder wiedergeborene Christ erlernen muß

Jeder wiedergeborene Christ muß Disziplin lernen, damit er erkennen kann, wann er eine alte, sündhafte Verhaltensweise wiederaufleben läßt, um sie in Gelassenheit gleich wieder ans Kreuz zurückzubringen. Tag für Tag bringen wir die *kindlichen* Denkweisen und Gefühle, die unser fleischliches Wesen benutzen möchte, um den Thron in unserem Leben wiederzugewinnen, neu ans Kreuz. Deshalb schrieb Paulus auch: „Täglich sterbe ich …" (1. Kor 15,31).

Wir sind nach dem Bild Gottes geschaffen. Gott ist frei. Wir haben einen freien Willen und ein Eigenleben. Dasselbe gilt für alles, was wir in uns hervorbringen. Unser Ich hat ein Eigenleben. Auch unsere Emotionen haben ein Eigenleben. Also hat unser fleischlicher Sinn ebenfalls ein Eigenleben. Weder unsere Gefühle noch unsere Gedanken wollen sterben oder ihre Kontrolle über uns aufgeben. Unsere fleischliche Gesinnung *weigert sich* abzutreten und auf seine Herrschaft über uns zu verzichten, bloß weil wir den Heiligen Geist eingeladen haben, uns in die Hand zu nehmen. „… weil die Gesinnung des Fleisches Feindschaft gegen Gott ist, *denn sie ist dem Gesetz Gottes nicht untertan, sie kann das auch nicht*" (Röm 8,7; Hervorhebung vom

Autor). Beachten Sie: Dieser Vers sagt klar und deutlich, daß unsere Gesinnung ein Eigenleben hat mit den Komponenten Wille, Wunsch und Absicht. Es heißt ja, die Gesinnung des Fleisches sei „Feindschaft" und „nicht untertan". Und vergessen Sie dabei nie, daß sich dieses Kapitel des Römerbriefs an wiedergeborene Christen richtete!

Die Entthronung des fleischlichen Sinnes

Der Anfang vom Ende der Herrschaft des fleischlichen Sinnes beginnt, wenn wir den Herrn Jesus Christus als unseren persönlichen Herrn und Heiland annehmen, wenn wir das Wort Gottes lesen, beten, Wahrheit empfangen, indem wir von Brüdern und Schwestern in Christus zur Rede gestellt werden, anderen im Geist dienen, uns für eine gesunde und erbauliche Denkweise in Christus entscheiden usw. Angesichts dieses Vorstoßes schlagt unser fleischlicher Sinn zurück. Er sucht andauernd einen Vorwand, um „gegen alle Umsicht loszuplatzen" (vgl. Spr 18,1). Er wirft vermeintlich weise Gedanken, Einwände und skeptische Argumente auf und versucht, uns in unnötige Diskussionen, schlaue Haarspaltereien und „unsinnige und fruchtlose Grübeleien" (2. Tim 2,23; Gute Nachricht) zu verwickeln: „Es ist nicht logisch, dies zu glauben!" „Du hast wirklich unsinnige Vorstellungen." „Was denkst du dir bloß dabei, anderen helfen zu wollen, wo du doch selbst so in der Klemme bist." Alles kommt ihm gelegen, jeder Gedanke, jeder scheinbare Widerspruch, der gelöst werden *muß*, jede Emotion, die man auf die Reihe bekommen *muß*. Je intelligenter, desto ausgeklügelter der Vorwand.

Unser Verstand fordert intellektuelle Integrität, ein straffes System ohne Schlupflöcher und Widersprüche. Doch im Grunde schert sich unser Sinn nur sehr wenig darum, ob nun alles koscher ist oder nicht. Er möchte lediglich den Heiligen Geist davon abhalten, sich als Herrscher über unser Herz und unsere Gedanken zu etablieren. Wem ist noch nicht aufgefallen, daß es oft die intelligentesten Menschen sind, die die Geistestaufe oder die Gabe der Zungenrede als letzte empfangen?

Der Heilige Geist bricht durch, und Sie sprechen ein paar Silben in Ihrer neuen himmlischen Sprache aus, doch was machen die Gedanken? Sie rufen: „Ach, hör' doch auf. Du denkst dir das doch bloß alles selbst aus!" „Du machst dich selbst zum

Narren!" „Das ist wirklich nur noch blöd!" Nichts erschüttert die fleischliche Gesinnung mehr, nichts bringt sie mehr in Verlegenheit, als wenn wir anfangen, Worte zu murmeln, die sie weder verstehen noch kontrollieren kann! Unser Verstand möchte eigentlich nur sein gedankliches Spielchen weiterspielen, damit er nicht vom Thron unseres Lebens abdanken muß.

Die alte Redewendung: „Das Kind wird zum Vater werden" bedeutet für mich, daß *unser Geist unseren Sinn regieren soll.* Wenn der Heilige Geist Zutritt bekommt, möchte er unseren Geist regieren. *Der Heilige Geist möchte durch unseren Geist unsere Gedanken regieren und durch unsere erneuerten Gedanken unsere Leidenschaften bändigen und in die rechten Bahnen leiten.* Das ist Gottes Plan, seine Ordnung für unser Innerstes. Doch von frühester Kindheit an übertragen wir der bewußten Ebene unseres fleischlichen Sinnes die Steuerung unseres Fleisches, damit sie unser Verlangen der Vernunft unterordnet, unsere Gefühle schützt, unsere Gedanken denkt und unsere Schritte plant. Die Bibel hingegen sagt: „Der Sinn des Menschen plant seinen Weg, *aber der Herr lenkt seine Schritte*" (Spr 16,9; wörtl. a. d. Engl.; Hervorhebung vom Autor). Unser Sinn genießt seine wichtige Rolle und ist überhaupt nicht bereit, seinen Tod und seinen Rücktritt von den Schalthebeln der Macht anzunehmen.

Unsere fleischliche Gesinnung bedient sich unseres mangelnden Vertrauens auf Gott, um den Thron zu behaupten. Wir befürchten, wenn wir loslassen, der Heilige Geist könnte sich nicht darum kümmern, wir würden Amok laufen und uns in peinliche Situationen hineinmanövrieren!

Mangelndes Vertrauen

Schon im Mutterleib wurde unser Vertrauen erschüttert, als unser Geist gleich zu Anfang vom Gestank der Sünde und der Unreinheit der Menschen schockiert wurde, die durch den Körper unserer Mutter zu uns durchdrangen und unseren aufkeimenden Geist anwiderten (vgl. Kapitel 1-4 von *Heilung des verwundeten Geistes*). Da wir in der Reinheit Gottes erschaffen wurden und uns in gewisser Weise noch schwach an seine Heiligkeit erinnern konnten, wurden wir von der durch Sünde bedingten Verderbtheit der Menschen förmlich überrollt, die wie eine

Welle über uns hinwegschwappte und die Reinheit und Schönheit unseres Geistes verwüstete und vernichtete.

Wären wir in der Lage gewesen, uns den Schrei unseres Geistes aus dem Inneren des Mutterleibes bewußt zu machen, hätten wir folgendes gehört: „Herr, wo bist du? Warum läßt du zu, daß so etwas mit mir geschieht? Du hast mich gesandt, um für dich eine Aufgabe zu erledigen und jetzt geht alles durcheinander und ich falle in diesen Schlamassel hier! Das ist nicht fair!“ Noch bevor sich unser Gehirn gebildet hatte, „wußte“ unser Geist, daß Epheser 2,10 die Wahrheit über uns sagt: „Denn wir sind sein Gebilde, in Christus Jesus geschaffen zu guten Werken, die Gott zuvor bereitet hat, damit wir in ihnen wandeln sollen.“ Ausformuliert würden wir rufen: „Ich versinke in diesem stinkenden Morast der Sünde! Wie soll ich da in der Lage sein, das zu tun, weshalb du mich hierher geschickt hast?“

Unsere Fähigkeit, darauf zu vertrauen, daß Gott der Herr ist, wurde schon vernichtet, als wir im Mutterleib gebildet wurden! Als Erwachsene denken wir in der Tiefe unseres Herzens: „Damals war er nicht für mich da. Dann wird er jetzt auch nicht für mich da sein.“ (Doch in Wahrheit *war* er da; er war bei uns, sogar schon im Mutterleib, lesen Sie nur Psalm 139; doch wir haben die Fähigkeit verloren, diese Realität zu begreifen und uns von ihr überzeugen zu lassen.) Wenn wir nicht durch eine spezielle Gabe der Gnade Gottes dazu befähigt werden, können wir auch nicht darauf vertrauen, daß *er über uns regieren* und uns Sicherheit und Frieden schenken wird, wenn wir die fleischliche Kontrolle über uns selbst aufgeben.

Wenn Eltern (die für unseren kindlichen Sinn Gott repräsentieren – vgl. das Kapitel „Wie wir Gott sehen“ in *Umgestaltung des inneren Menschen*) es versäumen, uns die angemessene Zucht zukommen zu lassen, um unsere wild tobenden Emotionen zu zähmen, werden wir unbewußt als Erwachsene sogar noch mehr Gewißheit darüber haben, daß Gott nicht für uns da sein wird, wenn wir seinem Heiligen Geist die Kontrolle über uns selbst übertragen.

Viele Eltern haben es nicht geschafft, für ihre Kinder so präsent zu sein, wie jene es gebraucht hätten; das ist um so häufiger der Fall, da unsere Gesellschaft mehr und mehr die Orientierung verliert und Familienstrukturen zerbrechen. Aus diesem Grund tun sich immer mehr Menschen immer schwerer damit, genügend Vertrauen aufzubringen und dem Heiligen Geist die Leitung in ihrem Leben zu überlassen, auch wenn sie ihn vielleicht wirklich dazu einladen.

Betty kam zu uns, weil sie immer in Panik geriet, wenn sie von einer Autoritätsperson direkt angesprochen wurde und weil sie nachts oft von lauten Stimmen geweckt wurde. Es war nicht weiter schwierig, ihr klar zu machen, daß ihr Vater, der sehr ausfallend und laut war, überhaupt nur dann mit ihr geredet hatte, wenn er sie wegen ihres angeblichen Versagens in den täglichen Dingen des Haushalts anschreien wollte; noch dazu war er imstande, nachts jederzeit betrunken nach Hause zu kommen und sie zu beschimpfen. Ohne Probleme konnte sie erkennen, weshalb sie so ängstlich war. Es war nicht schwierig, sie aufzufordern, ihrem Vater zu vergeben. Daraufhin konnten wir das in ihr „eingebaute" System, das Alarm schlug und sie unter Anspannung setzte, in den Tod am Kreuz geben. Sie hatte sich schlichtweg selbst dahingehend konditioniert, immer dann in Panik zu verfallen, wenn sie irgendetwas an ihre frühen Erfahrungen erinnerte. Durch Gebet wurde sie frei. Sie sagte, sie fürchte sich nicht mehr vor mir oder vor ihrem Chef oder vor irgendjemand anderem und könne inzwischen fest wie ein Baby schlafen.

Doch eines Tages wurde sie von einer Autoritätsperson verärgert angesprochen und geriet wieder in Panik, obwohl sie sich so darüber gefreut hatte, daß sie einige Wochen lang davon frei gewesen war. Das warf sie um. Sie dachte: „Die Gebete haben überhaupt nichts genutzt; vielleicht war das nur ein schöner Schein, der jetzt wieder abblättert." Sie kam zu dem Schluß, es sei unser Fehler gewesen.

Sie kam zu uns in einer Zeit, als wir noch nicht wußten, daß man jemanden wie sie erst dann wieder gehen lassen darf, wenn man ihm beigebracht hat, wie man mit solchen Dingen umgeht. Sie hätte nur zu sich selbst sagen müssen: „Das bin nicht wirklich ich. Ich bin nicht mehr diese ängstliche Frau. Die ist mit Jesus gestorben. Ich brauche mich von diesen Gefühlen nicht in die Tasche stecken zu lassen. Das ist lediglich diese alte Gewohnheit, die sich wieder aufbäumt. Ich werde diese Gefühle einfach ignorieren und unbeirrt weitermachen."

Unsere alten, gewohnten Gefühle führen sich auf wie ein Raufbold, der ein kleines Mädchen ärgert. Wenn er sie aufziehen und anstänkern kann, bis sie schließlich die Wände hochgeht, wird er so lange weitermachen, bis sie mutlos und am Boden zerstört ist. Doch wenn es das Mädchen lernt, einem Raufbold Paroli zu bieten, ihm zu sagen, er könne ihr doch nichts anhaben und er mache sich doch nur selbst zum Narren und wenn sie ihn dann einfach stehen läßt, wird er das fruchtlose Spielchen bald satt haben und weggehen. Hätte Betty auf diese Art und Weise reagiert, wären ihre Gefühle schon bald schwächer geworden. Es waren ja nicht ihre echten Gefühle. Sie ist eine neue Schöpfung in Christus, in der der Mut und die Stärke Christi wohnen (vgl. Phil 4,10-13). Doch als sie glaubte, dieselbe alte Angst müsse ja real sein, weil sie sie wieder spürte, ließ sie zu, daß ihre Gefühle mit ihr wie der besagte Raufbold umsprangen und sie wieder in die alte Serie von Panikzuständen zurückversetzten.

Das Schwierigste, was es für Christen zu lernen gilt

Vielleicht das Schwierigste, was Christen lernen müssen, ist, daß nur weil sie etwas fühlen oder denken, das noch lange nicht heißt, daß sie genau das auch wirklich fühlen oder denken. Eltern, die ein kleines Kind haben, begreifen schon bald, daß es manchmal wirklich durstig ist, wenn es aus seinem Bettchen ruft: „Ich habe Durst!“; doch meistens glaubt es nur, durstig zu sein, weil es gelernt hat, daß ihm so Aufmerksamkeit geschenkt wird und es das Einschlafen hinauszögern kann.

Für das Kind kann das sehr real sein. Es hat sich selbst davon überzeugt, daß es wirklich durstig ist. Was wir fühlen oder denken ist vielleicht genauso wenig real wie die eingeschliffene Gewohnheit eines Kindes, sich beim Zubettgehen selbst zu betrügen. Es ist tatsächlich so einfach. Unsere „vorchristlichen“ Emotionen und Denkweisen werden wieder lebendig, und wir erkennen nicht, daß sie genauso wenig Wahrheitsgehalt haben wie das nächtliche manipulative Schreien eines Kindes!

Stan war oft über vieles zornig; das hatte ihn schon einige Jobs gekostet und drohte jetzt, seine Ehe auseinanderzureißen. Gemeinsam befaßten wir uns mit den Wurzeln. Es ist hier nicht entscheidend, um was es dabei ging; Zorn kann viele Ursachen haben: Erfahrungen mit Eltern, die uns frustrieren, unterdrückte

Wut über Familienmitglieder, Geburtstraumata, Erlebnisse auf dem Spielplatz etc. Entscheidend hierbei ist, daß sie in Stans Fall zu gewohnheitsmäßigen Empfindungen und Ausdrucksformen wurden. Wir brachten sie zum Tod am Kreuz.

Eine Zeitlang war Stan frei. Doch als der Zorn wieder hochkam, war er so erbost darüber, daß es wieder losging, daß seine Ausbrüche noch viel schlimmer wurden als früher! Auch er hatte es nicht gelernt, seinen Gefühlen keinen Glauben zu schenken. *Unsere Gefühle und Gedanken haben ein derart starkes Eigenleben, daß sie durchaus in der Lage sind, auf den passenden Zeitpunkt zu warten, um wieder lebendig zu werden, so daß wir auf sie eingehen und sie uns erneut aneignen* – und all das ohne Zutun des Teufels, obwohl Sie darauf wetten können, daß es ihm, wenn er auf der Lauer liegt, eine Freude sein wird, unsere Naivität auszunutzen und uns wieder ins alte Fahrwasser zurückzubringen.

Wenn Gefühle und Gedanken wieder auftauchen – und das wird ganz gewiß bei jedem von uns vorkommen –, dann kann es sein, daß wir, wenn wir das nicht wissen, was ich hier weitergebe, von der Angst gepackt werden, wir wären vielleicht überhaupt nicht geheilt! Hinter dem tief in uns verankerten Mißtrauen gegenüber Gott steckt die Angst, es könnte sich herausstellen, unser Glaube hätte überhaupt nicht funktioniert. Wenn also die alten Gewohnheiten wieder auftreten, ist das für unseren zweifelnden Sinn der Beweis für etwas, das wir schon die ganze Zeit über vermutet haben: Es funktioniert nicht! Unser fleischlicher Sinn macht sich diese Furcht und diesen Mangel an Glauben zunutze, um uns nur noch fester zu umklammern.

Aus diesem Grund schrieb Paulus:

> Weil nun die Kinder Blutes und Fleisches teilhaftig sind, hat auch er in gleicher Weise daran Anteil gehabt, um durch den Tod den zunichte zu machen, der die Macht des Todes hat, das ist den Teufel, *und um alle die zu befreien, die durch Todesfurcht das ganze Leben hindurch der Knechtschaft unterworfen waren* (Hebr 2,14-15; Hervorhebung vom Autor).

Wir fürchten nicht so sehr den körperlichen Tod. Für die meisten von uns wäre dieser Tod ein „Halleluja" wert, denn wir würden ja zum Vater heimgehen! Am meisten fürchten wir den Tod unseres Egos und daß wir die Kontrolle über unser Leben aufgeben müßten. Aus diesem Grund bleiben wir ein Leben lang unserem kindischen Verhalten unterworfen.

Jo Black hatte gelernt, sich selbst zu besiegen. Denken Sie nur daran, wie oft der Heilige Geist in der Offenbarung durch Johannes sagt: „Wer überwindet, dem werde ich … geben!" (Offb 2,7.17.26; 3,5.12.21) Wen oder was überwindet? Sein altes, totes Wesen, das immer wiederkehrt und sich selbst zum Leben erweckt! (Das ist dieselbe Jo Black, deren Geschichte in „Der Geist im Kerker" in *Heilung des verwundeten Geistes* erzählt wird. Alle anderen Geschichten in diesem Buch wurden verändert, um die Diskretion zu wahren. Doch wir haben ihre Zustimmung, ihre Geschichte so zu erzählen, wie sie ist und mit ihrem richtigen Namen.)

Jo war als Kind sexuell mißbraucht worden. Sie hatte es gelernt, ihren Mann zu besiegen, indem sie einfach abschaltete und sich gegenüber allen natürlichen Reaktionen wie tot verhielt. Obwohl sie eine außergewöhnlich schöne Frau war (und immer noch ist), machte sie zu, sobald Frank etwas von ihr auf dem sexuellen Gebiet wollte. Die eheliche Sexualität war für sie nichts Herrliches, sondern vielmehr eine Pflicht, die sie zu ertragen hatte. Sie konnte nichts Angenehmes dabei empfinden. Für ihr Verhalten fühlte sie sich Frank gegenüber in höchstem Grade schuldig, denn er war ein guter und freundlicher Mann und ein einfühlsamer Liebhaber. Dann bekehrte sie sich und wurde mit dem Heiligen Geist erfüllt. Viele Dinge veränderten sich über Nacht, doch ihre sexuellen Probleme blieben nach wie vor bestehen. Beim Sex konnte sie immer noch nichts Angenehmes verspüren, auch wenn ihr ihr eben gefundener Glaube sagte, daß sie das eigentlich sollte.

Wir deckten den sexuellen Mißbrauch auf. Sie vergab dem Mann. Wir brachten infolgedessen das eingespielte Muster – abschalten, um so den Mann zu besiegen – zum Tod ans Kreuz. Doch die nächsten Male, wenn Frank sich ihr näherte, stellte sie fest, daß in ihr wieder dieselben gewohnten Gedanken und Gefühle hochkamen, weswegen sie sich erneut zu verschließen und wieder in Frustration zu fallen drohte. Doch inzwischen hatten wir gelernt, wie wir ihr beibringen konnten, mit solchen Dingen richtig umzugehen.

Sie erkannte die besagten Gedanken als das, was sie nur waren – alte, tote Dinge, die versuchten, wieder lebendig zu werden. Sie sagte in ihrem Inneren: „Das bin nicht mehr ich. Ich entscheide mich gegen diese Gefühle. Ich entscheide mich dafür, für Frank offen zu sein und in seiner Umarmung etwas Gutes zu fühlen." Mit Ausdauer und nach einigen Anstrengungen gelang ihr schließlich der Durchbruch, und sie erlebte großartige Zeiten mit Frank. Seither wird ihr Sexualleben mit jedem Jahr besser.

Es ist eine wahre Tragödie, daß so vielen Christen noch nie die einfachen Lektionen dieses Kapitels beigebracht worden sind. Sie haben noch nie begriffen, daß ein andauernder Kampf erforderlich ist, um ihre eigenen Denkschemata und Gefühle zu überwinden. Also fallen sie völlig unnötig wieder in ihre uralten Probleme zurück und scheinen sich dabei nicht anders wehren zu können, als den Teufel zu beschuldigen und zu beschimpfen. Wahrscheinlich nutzt er jeden Angriffspunkt, den wir ihm bieten, aber er ist nicht das Hauptproblem. Was uns in diesen Fällen zu Boden wirft, ist unser mangelndes Verständnis und unsere Disziplinlosigkeit.

Manchmal geht mir ein Satz aus der Offenbarung durch den Kopf: „Und ich sah seiner Häupter eines, als wäre es tödlich wund; *und seine tödliche Wunde ward heil …*" (Offb 13,3a; Hervorhebung vom Autor). Selbstverständlich bezieht sich diese Schriftstelle auf ein Tier, was überhaupt nichts mit unserem Thema zu tun hat, aber sie packt mich als bildhaftes Wort oder *rhema*: Unser fleischlicher Sinn ist ganz gewiß ein Tier, dem eine tödliche Wunde zugefügt wurde, als wir Jesus als Herrn und Heiland annahmen! Beachten Sie, daß es heißt, ein „Haupt" sei tödlich verwundet worden. Und das Haupt wurde wieder geheilt – es wurde wieder lebendig. *Unser Problem besteht darin, darauf zu achten, daß das Tier unseres fleischlichen Sinnes tot bleibt; es tendiert dazu, immer wieder lebendig zu werden!*

Die Lösung ist einfach: Erkennen Sie die Spielchen des Sinnes. Sie brauchen nicht wieder ganz neu mit seinen Gedanken und den auferstandenen alten Gefühlen zu kämpfen. Machen Sie es wie Jo. Entspannen Sie sich und sagen Sie zu sich selbst: „Das ist nicht, was ich wirklich fühle oder denke. Ich muß nicht damit ringen und ihm Macht geben. Ich entscheide mich für … (… neue Gefühle und Gedanken, die in Christus angemessen sind). Das bin wirklich ich. Ich werde jene Gefühle und Gedanken so lange ignorieren, bis sie weg sind." „Herr, ich entscheide mich für deinen Weg und ich verbanne diese alten Dinge aus meinem Herzen und aus meinem Sinn."

Machen Sie keine schweißtreibende Aktion daraus, indem Sie versuchen, alles auf einmal zu schaffen. Ihr Sinn und ihre Gefühle würden nur allzugerne immer wieder Schrott nach oben befördern, nur damit Sie wieder kämpfen und sich abstrampeln. Schenken Sie diesen alten Gefühlen und Gedanken keine Beachtung. Bloß weil sie Ihnen in den Sinn kommen oder in Ihr Herz eindringen, brauchen Sie noch lange nicht auf sie zu reagieren. Sie haben kein wirkliches Leben, es sei denn Sie geben es ihnen. Entspannen Sie sich und genießen Sie Ihr neues Leben in Christus!

2

Verstehen, wie der Herr heilt

> Denn Gott hat uns nicht einen Geist der Furchtsamkeit gegeben, sondern der Kraft und der Liebe und der *Besonnenheit* (2. Tim 1,7; Hervorhebung vom Autor).

> Ein anderes Gleichnis legte er ihnen vor und sprach: Mit dem Reich der Himmel ist es wie mit einem Menschen, der guten Samen auf seinen Acker säte. Während aber die Menschen schliefen, kam sein Feind und säte Unkraut mitten unter den Weizen und ging weg. Als aber die Saat aufsproßte und Frucht brachte, da erschien auch das Unkraut. Es kamen aber die Knechte des Hausherrn hinzu und sprachen zu ihm: Herr, hast du nicht guten Samen auf deinen Acker gesät? Woher hat er denn Unkraut? Er aber sprach zu ihnen: Ein feindseliger Mensch hat dies getan. Die Knechte aber sprachen zu ihm: Willst du denn, daß wir hingehen und es zusammenlesen? Er aber sprach: *Nein, damit ihr nicht etwa beim Zusammenlesen des Unkrauts zugleich mit ihm den Weizen ausrauft. Laßt beides zusammen wachsen bis zur Ernte*, und zur Zeit der Ernte werde ich den Schnittern sagen: Lest zuerst das Unkraut zusammen, und bindet es in Bündel, um es zu verbrennen; den Weizen aber sammelt in meine Scheune! (Mt 13,24-30; Hervorhebung vom Autor)

Vielleicht sollte man an dieser Stelle das Verhältnis der im ersten Kapitel genannten Aspekte zueinander ein wenig zurechtrücken. Es gibt Fälle, in denen das, was wir denken und fühlen, *wirklich das ist*, was wir denken und fühlen. Womöglich ist das sehr viel öfter der Fall als das, was wir im ersten Kapitel besprochen haben; vielleicht sind vorgegaukelte Gefühle und Gedanken mehr die Ausnahme als die Regel. Wie können wir die beiden dann voneinander unterscheiden?

Die Unterscheidung zwischen echten und falschen Gefühlen

Das, was wir noch nicht wirklich zum Tod ans Kreuz gebracht haben, können wir nicht einfach links liegen lassen, so als ob es nicht real wäre. *Wenn wir etwas fühlen oder denken, was Jesus nicht fühlen oder denken würde, ist das für uns ein Signal dafür, daß wir den fraglichen Bereich zu seinen Wurzeln zurückverfolgen und ihn zum Tod ans Kreuz bringen müssen.*

Doch wenn wir uns durchgerungen und etwas Altes bereits ans Kreuz gebracht haben, ist dessen Wiederaufleben nichts anderes als eine Aktivität unseres Ichs, das den Thron der Macht in uns wieder einnehmen möchte.

Alles, was noch nicht den Weg zum Kreuz gefunden hat, hat gewaltige Auswirkungen, wenn es in unser Denken und Fühlen eindringt. Das ist eine schweißtreibende Angelegenheit. Es hält uns fest. Doch nach einer Weile erkennen die Christen, die diese Lektion lernen, allmählich, daß die Bereiche, in denen alte, bereits tote Gefühle und Gedanken wieder hochkommen, sie nicht mehr so stark wie früher in Beschlag nehmen, es sei denn, sie entscheiden sich dafür; ihnen Glauben zu schenken und sie somit real und schlagkräftig zu machen.

Diese alten Gefühle und Gedanken sind eigentlich wie Treibgut, das im Meer unseres Bewußtseins herumschwimmt; doch bevor sie am Kreuz starben, waren sie wie ein Vulkan, der mit aller Macht ausbrach und alle Aufmerksamkeit auf sich lenkte! Wenn ein Christ nur einen Augenblick lang innehält und darüber nachdenkt, was er denn eigentlich so denkt und fühlt, wird er sich immer leichter tun zu entscheiden, was nun real ist und was nicht und zwar einfach nur deshalb, weil es dem alten gewohnheitsmäßigen Modus an Dynamik fehlt.

Zu lernen, wie man diese Unterscheidung trifft, ist absolut notwendig, denn *aufgrund dessen, wie der Herr heilt, kann man sich sicher sein, daß im Laufe unseres geistlichen Wachstums alte Gefühle und Gedanken immer und immer wieder nach oben kommen werden!* Im vorigen Kapitel sprachen wir über alte Dinge, die einige Zeit nach unserer Heilung wieder auftauchen; es könnte jedoch der Eindruck entstanden sein, daß das vielleicht ein– oder zweimal passiert und dann nie wieder. Doch das stimmt ganz und gar nicht. Alte Strukturen können und werden jahrelang wiederaufflackern – *unzählige* Male und in *unzähligen* Varianten, auch wenn es immer leichter werden wird, sie ausfindig zu machen und zu besiegen.

Die Wurzeln anpacken

In dem Gleichnis, das am Anfang dieses Kapitels zitiert wurde, erklärt Jesus, man solle das Unkraut stehen lassen, damit nicht das Gute mitsamt dem Schlechten ausgerissen wird. In Matthäus 3,10 sagt Johannes der Täufer, schon jetzt werde die Axt an die Wurzel der Bäume gelegt. Doch wenn ein Baum gefällt wird, macht man sich selten die Mühe, auch noch sein ganzes Wurzelsystem auszugraben. Stattdessen läßt man den Baumstumpf mit all den Wurzeln einfach stehen.

Deshalb schreibt Paulus: „... und achtet darauf, daß nicht jemand an der Gnade Gottes Mangel leide, daß nicht irgendeine Wurzel der Bitterkeit *aufsprosse* und euch beunruhige und die vielen durch diese verunreinigt werden ...“ (Hebr 12,15; Hervorhebung vom Autor). Beachten Sie: Der Baum war tot. Die alten Handlungsweisen und Gefühle waren wirklich gestorben. Doch ihre Wurzeln (wie es in Hebr 12,15 steht) wurden stehen gelassen; sie blieben im Erdreich unseres Lebens und konnten nach wie vor ohne weiteres „aufsprossen“, um erneut Probleme zu bereiten.

Warum nur? Warum hat Gott sie nicht ein für allemal ausgerissen und die Sache wäre erledigt? Weil Gott in seiner Weisheit wußte, daß wir dazu gezwungen sein müssen, ihm nahe zu sein und uns ihm hinzugeben. Wenn er das Problematische an unserem Wesen restlos ausmerzen und durch etwas, das dem Wesen Christi entspricht, ersetzen würde, würden wir nur noch auf uns selbst vertrauen. Schon bald würden wir der noch größeren Sünde des Stolzes erliegen. Und schon bald würden wir abdriften, nicht mehr von ihm abhängig sein und denken: „Ich kann es selbst schaffen!“

Doch indem er die alte Gewohnheit dort läßt, wo sie ist, intakt in unserem Inneren, tot aber doch präsent, installiert er sozusagen in uns ein Meßgerät dafür, wie weit wir von seinem Feuer der Liebe entfernt sind: Sobald wir unsere persönliche Zeit mit Gott und/oder die gemeinsame Anbetung mit anderen vernachlässigen, bekommt unser altes Wesen Auftrieb und wir werden dadurch wieder zum Gebet auf unsere Knie zurückgebracht. Deshalb macht Gott es so, daß unser sündiges Wesen in unseren Wurzeln intakt bleibt.

Später werden wir noch weitere Gründe dafür aufzeigen, weshalb Gott unsere Probleme in uns unversehrt läßt. Für den Augenblick möchten wir darauf hinaus, daß in uns zwei schwierige Fragen auftauchen werden, wenn wir nicht verstehen, auf welche Art und Weise der Herr heilt.

Zunächst fragen wir uns vielleicht: „Wenn das alles noch immer in meinem Wurzelsystem steckt und jeden Moment wiederaufleben kann, was hat dann meine Heilung überhaupt gebracht? Was haben diese Heilungsgebete dann genau bewirkt?" In Stans Geschichte, die wir im vorigen Kapitel erzählt haben, war das die eigentliche Ursache seiner Raserei. Er war erbost darüber, daß er so lange die Tiefen seiner Seele durchforscht und gebetet hatte und dennoch hatte alles offensichtlich keine dauerhaften Auswirkungen gehabt!

Bevor wir unser altes Wesen anpacken und ihm am Kreuz absterben, *hat es uns in der Hand*. Wir handeln impulsiv, ja manchmal zwanghaft und werden von Kräften in uns, derer wir uns nur wenig, wenn überhaupt bewußt sind, auf unserer ungeschützten Seite angegriffen; wir haben auch nicht die Kraft, das, was uns bewußt wird, zu überwinden! Wenn wir Buße getan, Vergebung empfangen und den betreffenden Aspekt unseres sündigen Wesens für gekreuzigt erachtet haben, kann er uns nicht länger beeinflussen – seine Spielchen, sein ganzer Schwindel ist für uns offensichtlich. Wir machen der Selbsttäuschung den Garaus, noch bevor sie uns zu sündhaften Taten verleiten kann. Wir werden nicht länger zu falschen Entscheidungen und Handlungen gezwungen. Wir sind frei ... solange wir demütig und in Abhängigkeit von Gott am Fuß des Kreuzes bleiben.

Unsere Umgestaltung besteht schlicht und einfach sowohl in unserer neugewonnenen Freiheit, uns für den Weg Christi zu entscheiden, als auch in der Kraft seines Heiligen Geistes, danach zu leben; unsere Umgestaltung ist also nichts, das, wie in Erz gegossen, in uns festgefügt ist und keine weitere persönliche Disziplin und Entscheidung erfordert.

Das zweite, was uns vielleicht befällt, wenn wir nicht verstehen, wie der Herr heilt, ist die quälende Angst, daß wir trotz allem vielleicht *überhaupt nicht geheilt* sind. In diesem Fall benutzt unser fleischlicher Sinn diese Angst, um uns wieder in seine Gewalt zu bekommen. Paulus schrieb die Worte aus 2. Timotheus 1,7, um dem entgegenzuwirken: „Denn Gott hat uns *nicht* einen Geist der Furchtsamkeit gegeben, sondern der Kraft und der Liebe und der *Besonnenheit.*" In der Menge-Übersetzung heißt es: „Denn Gott hat uns nicht einen Geist der Verzagtheit gegeben, sondern der Kraft und der Liebe und der *Selbstzucht.*" Auch die Zürcher Bibel gibt diesen Vers mit „… sondern (einen Geist) der Kraft und der Liebe und der *Selbstbeherrschung* …" wieder. In verschiedenen englischen Übersetzungen stehen die Worte „*Selbstkontrolle*" bzw. „*Selbstdisziplin*" (Alle Hervorhebungen vom Autor).

Was in der Elberfelder Bibel mit „Besonnenheit" wiedergegeben wird, wird in anderen Versionen mit „Selbstzucht" und „Selbstdisziplin" übersetzt! *Wenn wir nicht in der Lage sind zu vertrauen, weil wir von einem „Geist der Furchtsamkeit" oder der „Furcht" (LÜ) überwältigt wurden, eignet sich unser fleischlicher Sinn rücksichtslos die Funktionen des erneuerten Sinnes an und erhält seine eigene fleischliche Selbstdisziplin und Kontrolle – oder seinen Mangel an Kontrolle – über uns aufrecht.*

Der Sinn ist ein Teil der Seele. Gottes Plan für unsere Seele sieht nichts anderes vor, als sie zu töten und in Christus zu re-formieren. Unser fleischlicher Sinn muß den Tod am Kreuz sterben, wenn wir frei werden möchten, um neu denken und fühlen zu können. Doch viele Christen haben nicht verstanden, wie radikal dieser Tod ist. Allzu viele denken dabei immer noch eher an so etwas wie „ausbessern". Heilung bedeutet für sie immer noch, daß etwas kaputt ist, also muß man es reparieren. Doch wenn der Herr unsere Seele heilt, repariert er sie nicht einfach, so wie man eine Maschine repariert, damit sie wieder läuft. In diesem Sinne *gibt es für die Seele keine Heilung.*

Psalm 23,3 sagt: „Er erquickt meine Seele", und in Psalm 19,8 heißt es: „Das Gesetz des Herrn ist vollkommen und erquickt die Seele", doch wir müssen begreifen, daß jede christliche „Erquickung" nur durch das Werk des Kreuzes vonstatten gehen kann. Gott kennt nur eine Antwort auf Sünde: „Die Seele, die sündigt, sie soll sterben" (Hes 18,4). Unser Herr Jesus ist für uns dieser Tod geworden. Aus diesem Grund sind Heilung und Wiederherstellung für uns dasselbe wie Kreuzigung und Wiedergeburt und nicht „Reparatur". *Das bedeutet, daß unser fleischlicher Sinn weder nachreguliert noch neu belehrt, sondern nur getötet werden kann.*

Immer wenn Paula und ich erfahren, daß Menschen, die durch Seelsorge und Gebet wirklich Hilfe gefunden haben, nach einiger Zeit wieder ihren alten sündhaften Weg einschlagen, sind wir betrübt, so wie auch Petrus klagte:

> Denn wenn sie den Befleckungen der Welt durch die Erkenntnis des Herrn und Heilandes Jesus Christus entflohen sind, aber wieder in diese verwickelt und überwältigt werden, so ist für sie das letzte schlimmer geworden als das erste. Denn es wäre ihnen besser, den Weg der Gerechtigkeit nicht erkannt zu haben, als sich, nachdem sie ihn erkannt haben, wieder abzuwenden von dem ihnen überlieferten heiligen Gebot. Es ist ihnen aber nach dem wahren Sprichwort ergangen: Der Hund kehrt wieder um zu seinem eigenen Gespei und die gewaschene Sau zum Wälzen im Kot (2. Petr 2,20-28).

Als wir sahen, daß dies geschah, schrien wir zum Herrn, er möge uns doch noch genauer (als wir bisher hier darauf eingegangen sind) erklären, warum jene Menschen fielen. Oder, um unsere eigenen Fragen auf den Punkt zu bringen: „Wo haben wir sie im Stich gelassen? Was haben wir versäumt? Was haben wir falsch gemacht?"

Der Herr machte uns deutlich, der erste Grund bestehe darin, daß jene nicht verstanden hatten, wie Gott Menschen umgestaltet (was wir ja eben besprochen haben). Er fügte hinzu, jene Menschen hätten gedacht, sie seien *aus eigener Kraft heraus* etwas Besonderes geworden, weshalb sie stolz auf ihr eigenes Fleisch wurden, was eine Demütigung erforderlich machte. „Denn wenn jemand meint, etwas zu sein, während er doch nichts ist, so betrügt er sich selbst" (Gal 6,3).

Der zweite Grund, sagte er, sei der, daß sie überstolz auf ihr Wissen wurden und sich darauf verließen: „Es hat mich einiges gekostet, das zu lernen. Jetzt, da ich es weiß, werde ich es nie wieder tun." Sie dachten, sie seien durch ihr Wissen geschützt, was ja bis zu einem gewissen Maß auch stimmte, doch nicht, wenn Stolz und das Vertrauen auf die eigene Erkenntnis den Heiligen Geist ersetzen. Die Dreieinigkeit ist ja nicht „Vater, Sohn und Erkenntnis". Einzig und allein der Heilige Geist und nicht die Erkenntnis macht uns zu einem aufrechten Wandel in Gott fähig.

„Die Erkenntnis bläht auf, die Liebe aber erbaut. Wenn jemand meint, er habe etwas erkannt, so hat er noch nicht erkannt, wie man erkennen soll" (1. Kor 8,1b-2). *Der intellektuelle Stolz hatte es geschafft, den fleischlichen Sinn wieder zum König im Leben jener Menschen zu machen.* Das Ich und nicht Jesus wurde wieder ihr Herr. Gott *mußte* sie demütig machen. „Denn so viele durch den Geist Gottes geleitet werden, die sind Söhne Gottes" (Röm 8,14).

Es war demütigend festzustellen, daß wir jene mehr an eine Erkenntnis als an unseren großartigen Herrn Jesus Christus herangeführt hatten! Die Heilige Schrift sagt: „Tiefes Wasser ist der Ratschluß im Herzen des Mannes, aber ein verständiger Mann schöpft ihn herauf" (Spr 20,5). Es ist die Aufgabe eines Seelsorgers, „das Herz anzusehen", „... denn der Herr sieht nicht auf das, worauf der Mensch sieht. Denn der Mensch sieht auf das, was vor Augen ist, *aber der Herr sieht auf das Herz*" (1. Sam 16,7b; Hervorhebung vom Autor). Wir sind wie Kriminalbeamte, die untersuchen, wer in der Tiefe des menschlichen Herzens der wirkliche „Täter" war. Die Suche nach den eigentlichen Wurzeln eines Problems kann so verführerisch werden, daß wir völlig ahnungslos uns selbst und den Ratsuchenden im Gnostizismus verstricken, d. h. in dem Trugschluß, man könne durch Erkenntnis und nicht durch die Person Jesu Christi gerettet werden! *Wenn das geschieht, hat unser fleischlicher Sinn erneut einen Weg gefunden, wie er in uns und in den Ratsuchenden, die uns um Hilfe bitten, an die Macht kommen kann.*

Jeden Augenblick in Jesus bleiben

Das einzige Mittel gegen die Herrschsucht des fleischlichen Sinnes, das wir kennen, besteht darin, durch Gebet jeden Augenblick in Jesus zu bleiben; so kann der Ratsuchende begreifen, daß er durch die Gnade des Herrn befreit wurde – auch wenn der Herr zu diesem Zweck noch so tiefschürfende Einsichten schenkt – und nicht in erster Linie durch Erkenntnisse mit Schlüsselfunktion. *Die Liebe unseres Herrn muß in den Seelsorgetreffen und in unseren Gebeten so übermächtig anwesend sein, daß sowohl wir, die Seelsorger, als auch all jene, die bei uns Rat suchen, ohne jeden Zweifel wissen und begeistert darüber sind, daß es die herrliche Gegenwart und Gnade unseres Herrn Jesus Christus ist, die das Werk vollbracht hat.*

Es ist überdies hilfreich, alles so einfach wie möglich zu halten. *Je ausgeklügelter und komplizierter unsere Diagnosen und Gebete sind, desto mehr Gelegenheit bietet sich dem Verstand, sich selbst zum Urheber unseres Heils aufzuschwingen.* Seien Sie nicht kompliziert! Denken Sie daran, daß sich unser Herr nach einer Weile weigerte, beim Lehren irgendwelche anderen Hilfsmittel außer Geschichten und Gleichnisse zu verwenden (Mt 13,34). Könnte das zum Teil nicht auch auf seinen festen Entschluß zurückzuführen sein, es nicht zuzulassen, daß der Denkleistung seiner Jünger eine zu große Bedeutung zukommen würde?

Wir taten Buße und beteten: „Herr, laß uns von deiner Liebe so überwältigt sein, daß die Menschen von sich aus wissen, daß du allein es warst, der sie durch seine Liebe zum Leben geführt hat, auch wenn wir in ihren Herzen entscheidende Faktoren aufgespürt haben."

Abkehr

Die dritte Ursache, die uns der Herr zeigte, liegt darin, daß wir uns schlicht und einfach aus Gewohnheit abwenden. Wenn wir unseren Wurzeln die Nahrungszufuhr – Jesus – abschneiden, werden wir unweigerlich wieder an unsere fleischlichen Wurzeln angekoppelt, wodurch der fleischliche Sinn erneut zum Leben erwacht, um unseren „Baum des Fleisches" zu regieren.

Heilige Furcht

In diesem Kapitel müssen wir eins lernen, was die Erneuerung der Gedanken betrifft: *Wir müssen eine heilige Furcht davor entwickeln, welche Macht unser Verstand aufbringen kann, wenn er sein Reich wieder aufrichten will.* „Christus aber war treu als Sohn über sein Haus. Dessen Haus sind wir, ***wenn** wir das Vertrauen und den Ruhm der Hoffnung bis ans Ende fest behalten" (Hebr 3,6; LÜ, Hervorhebung vom Autor), ... das Vertrauen auf seine* Treue, nicht das Vertrauen auf uns selbst. Wir müssen anfangen, unseren fleischlichen Sinn als unseren Feind, nicht als unseren Freund zu betrachten. Wir müssen einen gesunden Respekt vor seiner Schlauheit bekommen, eine heilige Furcht vor seiner Fähigkeit, uns immer und immer wieder zu verführen.

Einerseits möchte der Herr, daß wir voll Vertrauen in ihm ruhen. Andererseits müssen wir uns – um unseres Heils willen – eine heilige Furcht bewahren. Ich möchte Ihnen nahelegen, unerschütterlich auf seine Liebe zu uns zu vertrauen, voller Gewißheit und über jeden Zweifel erhaben, daß unser Heil *im Himmel garantiert ist*, daß wir auf immer in ihm versiegelt sind (Eph 4,30). Doch wenn es uns darum geht, ob wir in die Fülle des überfließenden Lebens eintreten werden, das er schon *hier auf Erden* für uns hat, müssen wir uns diese Furcht bewahren, die uns voran– und zu Jesus hintreibt, uns immer wieder in die Buße führt und uns nach Veränderung rufen läßt.

Weil unser Leben so sehr vom Denken regiert wird und wir unseren Sinn notgedrungen in den Dienst des Denkens stellen müssen, kenne ich nichts, das hinterlistiger und beharrlicher darauf aus wäre, sich erneut eine unrechtmäßige Vormachtstellung in unserem Leben zu erschleichen als unser fleischlicher Sinn! „Die Furcht des Herrn ist der Weisheit Anfang; und Erkenntnis des Heiligen ist Einsicht" (Spr 9,10). Und ein wenig heilige Furcht vor der Fähigkeit unseres Sinnes, uns zu betrügen, könnte genausogut zu diesem Anfang der Weisheit dazugehören.

3

Von der Notwendigkeit, seine Gedanken in die Zucht zu nehmen und der Gewohnheit, ohne Unterlaß zu beten

Betet ohne Unterlaß (1. Thes 5,17; Menge).

Denn die, welche nach dem Fleisch sind, sinnen auf das, was des Fleisches ist; die aber, die nach dem Geist sind, auf das, was des Geistes ist. Denn die Gesinnung des Fleisches ist Tod, die Gesinnung des Geistes aber Leben und Frieden; weil die Gesinnung des Fleisches Feindschaft gegen Gott ist, denn sie ist dem Gesetz Gottes nicht untertan, sie kann das auch nicht. Die aber, die im Fleisch sind, können Gott nicht gefallen (Röm 8,5-8).

Die erste Lektion dieses Kapitels lautet: Gebet, unablässiges und ununterbrochenes Gebet. Ich studierte am Drury College in Springfield, im Bundesstaat Missouri, einem der besten geisteswissenschaftlichen Colleges seiner Zeit. Dann ging ich ans Chicago Theological Seminary, das damals als Mekka der Liberalität, der Modernität und der Intellektualität weithin bekannt war. Wie Daniel und seine drei Gefährten, die „… Schrift und Sprache der Chaldäer …" gelernt hatten und „… drei Jahre lang …" erzogen worden waren (Dan 1,4-5) und wie Paulus, der zu den Füßen Gamaliels unterwiesen worden war (Apg 22,3), hatte ich das Beste empfangen, was die Welt zu bieten hatte!

Doch als ich Jesus Christus als meinen persönlichen Herrn und Heiland annahm, erkannte ich durch Offenbarung, wie verführerisch das weltliche Wissen war, das ich mir angeeignet hatte (vgl. Kol 2,8) und erklärte: „Herr, ich will nicht *meinen* Sinn, ich will *deinen* Sinn. Ich glaube, daß ich deinen Sinn in mir habe. *Laß deinen Sinn in all meinen Gedanken und Gefühlen leben und herrschen.* Ich will nicht meine eigene Erkenntnis, sondern deine Wahrheit. Reinige meinen Sinn gemäß deinem Wort. Nimm mich mit nach Emmaus, auf eine Wanderung, die nie aufhört und schließ mir dabei jeden Tag neu dein Wort auf; wirf dadurch alles um, was ich in der Welt gelernt habe und ersetze es. Führe meinen Sinn mit all seinen Erkenntnissen, Denkweisen und Möglichkeiten, meine Gefühle zu kontrollieren, mit allen Empfindungen und Gedanken, die ich mir in der Welt angeeignet habe, in den Tod."

Ich stellte fest, daß es notwendig war, dieses Gebet öfters zu sprechen, und ich erneuere es immer wieder einmal. Der Herr hat es schon beim ersten Mal gehört. Ich muß es deswegen immer wieder sagen, damit alles in mir es hört und aufnimmt.

Warum Gebet so wichtig ist

Wir haben herausgefunden, daß aus irgendwelchen Gründen viele Christen davon ausgehen, ab dem Zeitpunkt ihrer Wiedergeburt sei ihre Gedankenwelt in Ordnung. Doch das ist wirklich meilenweit von der Wahrheit entfernt! Sehr viele haben nie ein Gebet gesprochen, in dem sie ihre „sündhafte Gesinnung" bekannt haben, in der Art wie ich es eingangs formuliert habe. Ich ersuche den Leser dringend, sich gleich jetzt Zeit zu nehmen und dieses Gebet für sich selbst zu sprechen. Drücken Sie es in Ihren eigenen Worten aus oder sprechen Sie Ihr eigenes Gebet, Hauptsache, Sie tun es! Sie werden oft darauf zurückkommen müssen, aber Sie werden auch feststellen, wie Ihnen dadurch Offenbarungen zuteil werden, die Sie noch nie zuvor gehabt haben!

Unser gnädiger Herr wartet voller Sehnsucht auf eine Gelegenheit, mit jedem persönlich nach Emmaus zu gehen, um uns das aufschließen zu können, was die Bibel über ihn sagt (Lk 24,27). „Ihr (habt) das Wort Gottes euren überlieferten Satzungen zulieb außer Kraft gesetzt" (Mt 15,2-6, Menge; Mk 7,5-13). Wir alle haben unzählige, von Traditionen geprägte Denkschemata, die unserer Meinung nach christlich sind, was in Wahrheit jedoch vielleicht überhaupt nicht stimmt.

Als ich anfing, jenes Gebet zu sprechen, schenkte mir der Herr Schritt für Schritt die wunderbaren Offenbarungen, aus denen unsere Bücher und unser Dienst für ihn entstanden sind.

Doch diese Gebete waren nicht das Ende des Kampfes, sondern vielmehr der Anfang! Einige Jahre später betete ein großer Diener Gottes über mir: „Herr, wir danken dir für den Scharfsinn, den du John gegeben hast. Wir danken dir für alles, was er an Erkenntnis zusammengetragen hat. Doch jetzt, Herr, übertreibt er es und tut zuviel des Guten. Besänftige Johns Sinn, Herr! Führ' ihn in die Ruhe. Nimm ihm die Hauptrolle weg, damit der Heilige Geist ihn durch Johns Geist regieren kann. Herr, schraub' seinen Sinn eine Zeitlang zurück. Er wird seine Kraft dadurch nicht verlieren. Er wird nicht stumpfsinnig oder dumm werden. Nach einiger Zeit wird er mehr Kraft haben als je zuvor, doch dann wird er ausschließlich von deinem Sinn und nicht von seinem eigenen regiert werden. Johns Sinn wird dir dienen; er wird von dir regiert werden und nicht länger der Herr, sondern der Diener sein."

Dieses Gebet war eine große Erleichterung für mich. Meine Fragen und meine Zweifel ließen nach. Ich ließ mich nicht mehr so leicht durch geistige Zerstreuungen von meinen Gebetszeiten und Predigtvorbereitungen abhalten. Es fiel mir nicht mehr so schwer, die Salbung des Heiligen Geistes zu erkennen und in seiner Führung zu bleiben. Meine Unterscheidungsfähigkeit wurde nicht mehr durch kleinkrämerische Hinterfragereien durcheinandergebracht. Viel öfter und leichter bekam ich nun Offenbarungen, Einsichten und Erkenntnisse. Meine Fähigkeit, die Täuschungsmanöver und Deckmäntelchen meines fleischlichen Sinnes ans Licht zu bringen, wuchs, bis ich schließlich sogar Spaß dabei hatte und es dem fleischlichen Sinn zu dumm wurde, mir ständig eine vor den Bug zu knallen!

Ich möchte den Leser dringend ersuchen, auch dieses Gebet zu sprechen und den nicht erneuerten Sinn wirksam zum Tod ans Kreuz zu bringen. Auch das muß unter Umständen öfters getan werden. Unser Sinn, die Nervensäge, muß davon überzeugt werden, daß wir es ernst meinen! Es ist zu empfehlen, daß ein anderer dieses Gebet für Sie betet.

Von seinem Wesen her, spricht unser Sinn auf Autorität an; er wird die Autorität des Herrn viel bereitwilliger anerkennen und ihr gehorchen, wenn sie durch jemand anderen und nicht durch uns selbst kundgetan wird. Wenn wir selbst diese Worte sprechen, denkt unser Sinn womöglich: „Mal abwarten! Vielleicht ändert er seine Meinung noch!“ Wenn jemand anderer das Gebet spricht, kommt er mit diesem Spielchen nicht weit; abgesehen davon, ist das größte Problem unseres Sinnes der Stolz, und wenn andere für uns beten, macht uns das demütig und hilft uns, den Sinn beiseite und den Geist regieren zu lassen.

Disziplin und ihre Funktion

Die zweite Lektion dieses Kapitels lautet: Disziplin, Selbstdisziplin im Heiligen Geist.

Wenn die eben erwähnten Gebete gesprochen sind, muß darauf *die Disziplin, unablässig „Stoßgebete“ zu sprechen*, folgen. Das Christenleben ist keine Frage des Gefühls; vielmehr geht es darum, sich dauernd zu entscheiden und im Streß des täglichen Lebens innerhalb von Sekundenbruchteilen zu wählen. In Christus zu bleiben, erfordert jeden Augenblick die Entscheidung, seinem Wort und seinem Vorbild gemäß zu leben.

Schon früh steckte der Herr den Rahmen ab, in dem sich mein Sinn und mein Herz bewegten: Als erstes waren da die Gesetze Gottes, Grenzen, die ich nicht überschreiten konnte. Dann legte er es Paula und mir aufs Herz, mit ein paar einfachen Fragen jeden Gedanken zu prüfen, bevor wir ihn akzeptierten, jedes Gefühl zu prüfen, bevor wir es annahmen (und es in uns lebendig werden ließen) und jede Tat zu prüfen, bevor wir sie ausführten.

Wenn Gedanken kamen: „Würde Jesus so denken?“; wenn Emotionen in uns hochstiegen: „Würde Jesus so fühlen?“; wenn wir offensichtlich schnell handeln mußten: „Würde Jesus so handeln?“ Es konnte in jedem Fall nur eine Antwort geben: „Wenn Jesus nicht so denken, fühlen oder handeln würde, dann werde ich es auch nicht.“

Wenn man das Ganze von der positiven Seite her betrachtet, dann heißt es: „Ich *werde* das denken, fühlen und tun, was Jesus denken, fühlen und tun würde.“ Schon bald stellten wir fest, daß es relativ leicht war, das nicht zu denken, zu fühlen oder zu tun, was auch er nicht denken, fühlen oder tun würde, wenn wir zu diesem Zeitpunkt in Jesus waren. Doch es war viel schwieriger, das Positive zu tun, als das Negative nicht zu tun. Wir fanden heraus, daß wir uns öfter davon abhalten konnten, in diesen drei Bereichen das Negative zu tun, also falsch zu handeln, als wir uns dazu bringen konnten, das Positive zu tun, also liebevoll und richtig zu handeln! *Wenn wir uns disziplinieren und versuchen, eine positive Entscheidung zu treffen und wie Christus zu leben, werden wir viel schneller demütig werden und wird unser Ich viel schneller absterben als durch irgendetwas anderes, das wir bisher versucht haben.*

Wiederum möchte ich dem Leser nahelegen, hier einen Moment innezuhalten und sich Zeit zu nehmen, um dafür zu beten, daß der Herr diese Denkweise in den tiefsten Tiefen seines Herzens und seines Sinnes einprägen möge: „Herr Jesus, ich werde das nicht denken, was du auch nicht denken würdest. Ich werde nicht zulassen, daß ich etwas fühle, was du in deinen Emotionen auch nicht zulassen würdest. Ich werde das nicht tun, was auch du nicht tun würdest."

Wenn diese Gebete etwas Neues für Sie sind, dann denke ich, werden Sie bald feststellen, daß es Ihnen dabei so geht, als ob Sie um die Gabe der Geduld bitten würden! Also, Sie sprechen das Gebet und... beugen sich ergeben! Doch Spaß beiseite – Sie werden mit diesen Gebeten eine Abenteuerreise antreten, von der Sie, wie wir hoffen, nie zurückkehren werden!

Ich habe mich gezwungen (vgl. Mt 11,12), in dieser Disziplin zu leben, bis sie in gewisser Weise eine Selbstverständlichkeit geworden ist. Ich muß mich nicht mehr lange an etwas erinnern. Es tut mir weh, daß sich mein altes Ich viel zu oft in den Vordergrund drängt; ich bin nach wie vor oft ein harter Brocken und wünschte mir, ich könnte so liebevoll und freundlich sein, wie ich es an vielen anderen sehe; der Unterschied zu vorher liegt jedoch darin, daß ich jetzt nicht mehr ungeschoren davonkomme! Diese Zucht packt mich, noch ehe ich richtig losgelegt habe und führt mich in die Buße; wenn ich diesen Moment verpasse, packt mich der Heilige Geist noch viel schneller und leichter, sei es direkt oder durch andere.

Wenn wir unseren Sinn in Christus disziplinieren und ihm eine gute Bahn geben, in der er laufen kann, dann ist er auch nicht länger unser Feind. *Wenn wir nicht den Preis bezahlen, der erforderlich ist, um im Gebet eine derartige Disziplin aufzubauen, können wir die fleischliche Herrschaft unseres Sinnes auch nicht besiegen.* Wie in vielen anderen Lebensbereichen, ist es auch hier nicht so, daß man nur mit dem Finger zu schnippen braucht und schon ist man perfekt. In diesem Punkt gibt es keinen Ersatz für unsere eigenen Anstrengungen, gleichgültig, wieviel und wie großzügig uns der Herr in seiner Gnade beschenkt. Er hat den Preis bezahlt – ein für allemal. Doch in seiner Weisheit läßt er einige Bereiche übrig, die wir, gemeinsam mit ihm und in ihm, erobern sollen. Und das ist auch einer der Bereiche, in denen er nicht alles für uns tun wird, wenn wir nicht gleichzeitig auch Disziplin üben und uns anstrengen.

Manche Christen bleiben unreif. Paula und ich haben beobachtet, daß es sich dabei immer um jene handelt, die diese Disziplin des „Stoßgebets" sowie die beharrliche, tägliche Gewohnheit, jedes Gefühl, jeden Gedanken und jede Tat am Vorbild Jesu zu prüfen, ablehnen.

Für mich wird Galater 2,20 und 5,24 – mit Christus gekreuzigt zu sein – am effektivsten und am häufigsten in diesen Gebeten in die Tat umgesetzt, die wir wie einen Gedankenblitz, plötzlich und still aussprechen, bevor wir auf Menschen und Umstände reagieren. Wenn ich mir einen Schnitzer leiste und reagiere, noch bevor ich mich selbst an der Nase packen kann, bewirken Gebete, die unmittelbar nach diesem Vorfall gesprochen werden, Buße und somit auch denselben Tod des Sinnes und des Herzens.

Doch einige sagen, sie schaffen es nicht, immer sofort mitten in einer bestimmten Situation zu beten. Unser Sohn Loren, ein sehr effektiver Diener Gottes, hat zugegeben, dieses sofortige Beten würde ihm nicht sonderlich gut gelingen. Also gebraucht er seinen *Willen*, um bestimmte Gedanken, Gefühle oder Handlungen zu unterbinden und sich dazu zu bringen, dem Vorbild Christi entsprechend zu handeln. Später, wenn er sich Zeit nehmen kann, betet er die Dinge durch. Wie auch immer jemand seine Gedanken, Gefühle und Handlungen in Zaum hält, früher oder später ist es immer das Gebet, das ins Feld geführt werden muß, um unser Fleisch ans Kreuz zu schlagen; wenn dem nicht so ist, wird das Fleisch letztenendes unseren Wandel in Christus besiegen.

Der wichtigste Schlüssel zur Enttrohnung des fleischlichen Sinnes ist Gebet. Bruder Lawrence betete beim Geschirrspülen. Mutter Teresa, deren Orden der Nächstenliebe jeden Tag an mehr als 300 Orten auf der Welt dient, betet unaufhörlich, während sie den Fußboden schrubbt oder im Zug unterwegs ist.

Das gewohnheitsmäßige Gebet, nicht nur das Stoßgebet, muß für jeden Christen zum ganz normalen Lebensatem werden. Jesus lebt in unseren Herzen. In Hebräer 7,25 (Menge) heißt es: „Er lebt ja immerdar, um fürbittend… einzutreten." Was tut er also in unseren Herzen? Er betet! Er leistet Fürbitte für andere! *Wir können nur dadurch in ihm bleiben, daß wir ihm erlauben, sein Leben in uns zu leben; das bedeutet, er kann nur dadurch sein Leben in uns, an unserer Stelle und für uns leben, daß wir fortwährend mit der Fürbitte für andere beschäftigt sind.*

Basketballspieler üben das Dribbeln und Abspielen so lange, bis es so automatisch abläuft, daß sie in der dauernden Hektik eines Spiels gar nicht mehr lange darüber nachdenken müssen. Das muß auch so sein, denn manchmal geht auf dem Spielfeld alles so schnell, daß man keine Zeit mehr zum Denken hat. Christen müssen das „Beten ohne Unterlaß" genauso üben, bis sie sich schließlich selbst nicht mehr ans Beten erinnern müssen – sie tun es automatisch.

Wie würde es jemandem ergehen, der auf einmal in einer Begegnung zweier Basketball-Profimannschaften mitspielen müßte, ohne vorher die notwendigen Trainingseinheiten mit dem Dribbeln und Abspielen zugebracht zu haben? „Hilfe", würde er rufen. „Kann es mir schnell jemand beibringen?!" Doch dann wäre es schon zu spät. Das kann man nämlich nicht so schnell lernen. Genauso gibt es keinen anderen Weg zu einem siegreichen Leben in Christus, als das Beten zu üben, *bevor* das Spiel hektisch wird und es zu spät ist.

Das Gebet nimmt unserem fleischlichen Sinn den Ball ab. Zweifellos hat jeder von uns schon miterlebt, wie jemand rein fleischlich betet, d. h. einzig und allein aus seinen eigenen Gedanken heraus. Doch je länger man das Beten übt, desto schwieriger wird es für den fleischlichen Sinn, seine Herrschaft aufrechtzuerhalten – besonders wenn unsere Gebete mit den oben beschriebenen Formen der Disziplin einhergehen, die ich nochmal wie folgt formulieren möchte: „Ich werde das nicht beten, was Jesus auch nicht beten würde – weder in Gedanken, noch in Gefühlen, noch in dem, worum ich ihn bitte."

Viele haben auch zu uns gesagt: „Ich kann nicht schnell genug reagieren, um im jeweiligen Augenblick auf Englisch (bzw. in ihrer jeweiligen Muttersprache) zu beten. Aber ich kann im Geist beten und das tue ich dann auch." Sie meinen damit, daß sie still in Zungen beten. Großartig!

Die Gabe der Zungenrede dient in erster Linie unserer Erquickung. Das entnehmen wir Jesaja 28,12: „Das ist die Ruhe! Schafft Ruhe dem Erschöpften! Und das ist die Erquickung!" Was mit „das" gemeint ist, steht in Vers 11: „Ja, durch stammelnde Lippen und durch eine fremde Sprache wird er zu diesem Volk reden." Wir wissen, daß es in Vers 11 um die Zungenrede geht, weil Paulus diesen Vers in 1. Korinther 14,21 in seiner Lehre über die Zungenrede zitiert.

Die Gabe der Zungenrede dient der Erfrischung: Beim Beten werden wir müde, wir versuchen uns auszudenken, was wir als nächstes sagen werden, während wir doch auf diese Weise immer weiterbeten können, ohne darüber nachdenken zu müssen, was wir eigentlich sagen. Und wenn unsere Emotionen in Brand geraten und den fleischlichen Sinn dazu aufhetzen, seine Leidenschaften zu rechtfertigen, dient das Zungengebet dazu, uns wieder zur Ruhe zu bringen.

Die wörtliche Übersetzung des griechischen Ausdrucks, der mit „Betet ohne Unterlaß" wiedergegeben wird, lautet: „Kommt zur Ruhe". Gebet in bekannten und unbekannten Sprachen besänftigt unsere Leidenschaften und gibt unserem Geist die Gelegenheit, uns zu regieren, damit unser erneuerter Sinn – der Sinn Christi in uns – die Vormachtstellung einnehmen und richtige Reaktionsmöglichkeiten finden kann.

Eine der vorrangigen Aufgaben der Gabe der Zungenrede besteht darin, den fleischlichen Sinn zu entthronen. Nichts bringt unseren fleischlichen Sinn mehr in Verlegenheit, nichts frustriert ihn mehr, als wenn wir Worte aussprechen, die er weder verstehen noch kontrollieren kann! Jedesmal, wenn wir in einer fremden Sprache beten, lockern wir den Klammergriff unseres fleischlichen Sinnes um all unsere Gedanken und Taten. Über die Kapazität unseres Sinnes hinaus, üben wir unseren Glauben aus und stärken unseren Geist für seine Herrschaft unter der Zucht des Heiligen Geistes.

Doch das ist gleichzeitig auch der Grund, weshalb viel zu viele Christen nur selten in Zungen beten. „Oh, das ist mir vor langer Zeit einmal passiert, aber seither nie wieder." Es ist tragisch, wie falsch jene die Heilige Schrift verstanden haben!

Unser fleischlicher Sinn findet unzählige theologische, pseudobiblische und andere Gründe, weshalb man nicht in Zungen beten soll (oder er lenkt uns mit „wirklich wichtigen“ Gedanken schlicht und einfach davon ab), weil er genau weiß, daß seine Herrschaft durchbrochen werden wird, wenn wir oft genug in Zungen beten!

Wem ist es noch nicht aufgefallen, daß es häufig die durch und durch logisch denkenden und rational veranlagten Menschen sind, die von sich selbst sagen, daß sie mit der Gabe der Zungenrede nur wenig anfangen können? „Nun, ich denke, für manche Menschen ist sie wohl wertvoll, aber ich persönlich habe einfach noch nie etwas Besonderes daran gefunden.“ (Eigentlich will so jemand damit nur sagen, daß auch Sie nicht meinen würden, diese Gabe zu brauchen, wenn Sie in Ihrem Glauben so stark oder schlau wären wie er.)

Vielleicht hat so ein Mensch ein- oder zweimal in seinem Leben in Zungen geredet, um zu beweisen, daß er die Taufe im Heiligen Geist empfangen hat, doch seither nie wieder. Er meint, es sei etwas, das mit Ekstase zu tun hat, etwas, das mit ihm „passieren muß“, und sein fleischlicher Sinn hat alle Lehren hinausgeworfen, die sagen, der Geist des Propheten sei dem Propheten untertan (1. Kor 14,32) und wir können in Zungen reden, wann immer wir wollen. „Ich hätte lieber die Gabe der Weisheit oder der Erkenntnis.“ (So als ob es ausgeschlossen wäre, die andere zu bekommen, wenn man die eine schon hat! Erkennen wir, wie sehr uns unser fleischlicher Sinn betrügen kann, während er stets durch und durch logisch und weise klingt?) Die Wahrheit ist, daß der Sinn jener Menschen voller Verzweiflung Ablenkungsmanöver erfindet, nur damit der Heilige Geist nicht die Erlaubnis bekommt, die fleischliche Herrschaft des Sinnes abzusetzen.

Dort, wo der Kampf ist

Jeder, der sich hinsetzt, um seine morgendliche „stille Zeit“ mit Gott zu verbringen, weiß, wo der Kampf stattfindet. Wir können nicht einmal einen Augenblick nachdenken oder die ersten Worte unseres Gebets sprechen, ohne daß uns unser Sinn mit irgendetwas unterbrechen würde, ganz egal, womit! Je logischer, wichtiger oder offensichtlich entscheidender, desto besser.

Wenn wir uns abwenden und mit unseren Gedanken ringen und versuchen, sie zum Schweigen zu bringen, hat uns unser Sinn – was aus seiner Sicht noch viel besser ist – vom Gebet abgelenkt, uns auf Trab gehalten und seine zentrale Rolle gefestigt. Menschen, die ein erfolgreiches Gebetsleben führen, haben es gelernt, alle Einwürfe ihres Sinnes zu ignorieren, auch wenn sie noch so wichtig zu sein scheinen. Sie ringen nicht mit dem Sinn, reden nicht mit ihm und schenken ihm keinerlei Beachtung. Unbeirrt setzen sie ihren Lobpreis Gottes und ihre Fürbitte fort.

Je mehr wir es lernen, uns zu konzentrieren und zu beten, desto mehr untergraben wir das Bollwerk unserer fleischlichen Gesinnung. Durch dieses Ringen, in dem wir uns im Gebet den Weg freikämpfen und die Starrheit und Sperren unseres eigenen Sinnes beiseite räumen, werden wir auch reif für Buße und Veränderung. Reife ist notwendig. Reife bedeutet, in Vollmacht zu erkennen, daß der fleischliche Sinn wie wahnsinnig darum kämpft, die Oberhand zu behalten und dessen Tricks und Betrügereien mehr und mehr aus ganzem Herzen zu hassen. Ich bin mir sicher, daß Paulus genau denselben geistigen Kampf durchgemacht hat:

> Denn die, welche nach dem Fleisch sind, sinnen auf das, was des Fleisches ist … Die Gesinnung des Fleisches ist Tod… Die Gesinnung des Fleisches (ist) Feindschaft gegen Gott … Sie ist… nicht untertan, sie kann das auch nicht. (Röm 8,5-7; Auszüge).

> Seht zu, daß niemand euch einfange durch die Philosophie und leeren Betrug … (Kol 2,8a).

> (Wir) haben uns von aller schändlichen Heimlichtuerei losgesagt; denn wir gehen nicht mit Arglist um, verfälschen auch das Wort Gottes nicht … (2. Kor 4,2; Menge).

> Verabscheut das Böse (Röm 12,9b).

Es ist schwierig, in unserem eigenen Sinn etwas Böses zu sehen, denn schließlich haben wir ein Leben lang durch ihn gelebt. Er hat uns so oft gewarnt oder uns erfolgreich einen guten Weg gewiesen. Doch jeder Seelsorger, der schon einmal Stunden damit zugebracht hat, das trügerische Gewirr im Sinn eines Ratsuchenden zu durchdringen, die Ablenkungsmänover des Sinnes außer Kraft zu setzen und dessen Vorwände wegzufegen, ist sich dessen Schlechtigkeit sehr wohl bewußt! Für den normalen Christen und Nicht– Fachmann ist es schwierig, die Sündhaftigkeit des Sinnes in einem solchen Maße anzuerkennen, daß daraus wirksame Buße entstehen kann.

Jeder, der Tag für Tag darum ringt, die Einwände und Störmanöver seines Sinnes hinter sich zu lassen, um zu lernen, sich im Gebet allein auf den Herrn zu konzentrieren, wird Tag für Tag mehr Abscheu vor seinem eigenen Sinn empfinden. Doch wenn das nicht reicht, dann lesen Sie weiter.

4

Gebetsgemeinschaft und Dienst

> Im Recht scheint, wer in seiner Streitsache als erster auftritt, bis sein Nächster kommt und ihn ausforscht (Spr 18,17).
>
> Eisen wird durch Eisen geschärft, und ein Mensch schärft (das Verhalten) des andern (Spr 27,17; Menge).
>
> Der Weg des Narren erscheint in seinen eigenen Augen recht, der Weise aber hört auf Rat (Spr 12,15).
>
> Denn unter kluger Leitung kannst du Krieg führen, und wo viele Rat wissen, ist der Sieg (Spr 24,6; ZÜ).
>
> Stolz führt nur zu Zank, doch Weisheit ist bei denen, die Rat annehmen (Spr 13,10; wörtl. a. d. Engl.).

Wenn der Kampf, beten zu lernen, nicht ausreicht, um uns zu geistlicher Reife zu führen, dann ist meiner Auffassung nach der zweitbeste Weg, ja vielleicht der einzig verbleibende Weg für diejenigen, die nicht beharrlich beten, die aktive und regelmäßige Teilnahme an einer christlichen Kleingruppe.

Von anderen etwas empfangen

Wenn heilige Furcht der erste Schritt zur Entthronung des fleischlichen Sinnes ist und Gebet und Disziplin der zweite, *dann ist der Ratschlag der dritte; in diesem Fall ist jedoch nicht Seelsorge im engeren Sinne gemeint, sondern vielmehr die dauernde und liebevolle Konfrontation mit Brüdern und Schwestern, die uns von Herzen lieben und es nicht zulassen, daß wir uns mit unserem tagtäglich praktizierten Selbstbetrug durchschummeln.* Wenn uns unsere Geschwister im Glauben, die uns gut genug kennen, um unseren faulen Tricks nicht auf den Leim zu gehen, immer wieder zur Rede stellen und unsere Schliche aufdecken, indem sie „… die Wahrheit in Liebe sagen …“ (Eph

4,15; wörtl. a. d. Engl.), erkennen wir allmählich „... den alten Menschen... der sich durch die betrügerischen Begierden zugrunde richtet ...“ und werden allmählich bereit, erneuert zu werden „... am Geist (unseres) Sinnes“ (Eph 4,22-23; Menge). Der Herr hat es so gewollt, daß wir durch das Leben in der Gemeinschaft zur Veränderung reif werden.

Manchmal versäumen wir es, passende Schriftstellen auf uns selbst anzuwenden, weil wir den Wortlaut zu eng fassen. Vielleicht lesen wir das Wort „Lüste“ und meinen dann, es sei nur von sexuellen Leidenschaften die Rede. Doch dieses Wort trifft genausogut auf die Gier unseres Sinnes nach Kontrolle zu wie auf irgendetwas Sexuelles.

Unser fleischlicher Sinn sehnt sich so sehr nach der Macht, all unsere Emotionen, Gedanken und Taten zu steuern. Beachten Sie, daß in diesem Bibeltext im weiteren vom Sinn die Rede ist, nämlich davon, daß wir „... erneuert (werden) am Geist (unseres) *Sinnes*“. Wir werden also von den Lüsten unseres Sinnes zugrundegerichtet. Da wir hinter dem Vorhang unserer eigenen Gedanken leben, können wir ohne fremde Hilfe nur selten erkennen, wie uns unsere eigenen Gedanken ins Verderben reißen. Aus diesem Grund müssen wir uns dem prüfenden Blick einer Gruppe von Menschen, die uns liebt, aussetzen und innige Gemeinschaft mit ihr pflegen. Sie sehen, was wir nicht sehen können, nämlich wie uns unser Sinn in seine engen kleinen Kreisbahnen lockt.

Der taktvolle Umgang miteinander wird zum Götzendienst

Diese Gruppe muß sich oft und regelmäßig treffen und die Erlaubnis haben, uns die Wahrheit in Liebe zu sagen, wenn sich unser Blick so schärfen soll, daß wir die Ränke unseres Sinnes sehen und hassen lernen. Doch leider dienen viele Gruppen dem Götzen des Taktgefühls, bis nur noch wenige übrig sind, die einander die Wahrheit sagen. So wie der fleischliche Sinn das Gebet bekämpft, führt er auch Krieg gegen die Aufrichtigkeit, die Verletzbarkeit, die Offenheit und das Wohl der Gruppe. „Nicht so frei heraus! Das ist doch viel zu riskant. Vielleicht verletzt dich jemand.“ „Du mußt ja wirklich nicht alles erzählen.“ „Sie können doch nicht richtig damit umgehen.“ „Schau zu, wie du selbst mit deinen Problemen fertig wirst. Plaudere doch nicht andauernd aus dem Nähkästchen." „Der braucht seine Nase nun wirklich nicht in meine Angelegenheiten zu stecken!" „Eigentlich magst du diese Leute ja gar nicht, denn sie tun dir doch nur immer wieder weh." „Hör' einfach nicht auf sie."

Vor etlichen Jahren hatten wir uns in unserem Hauskreis entschlossen, füreinander verwundbar zu werden und es jedem in der Gruppe zu erlauben, uns die Wahrheit zu sagen und uns in ganz persönlichen Dingen zu dienen. Das habe ich dann gleich in Angriff genommen. Doch schon bald wies mich die Gruppe darauf hin, daß ich nicht nur kontrollierte, wieviel, in welchen Bereichen und auf welche Weise sie mir dienten, sondern daß ich überdies jedesmal den Dienst klammheimlich herumdrehte, bis schließlich ich es war, der allen anderen diente! Dahinter steckte nicht nur die Angst davor, sich verletzbar zu machen und eine große Dosis Umkehrung der Elternrolle, die ich abbekommen hatte, sondern ein fleischlicher Sinn, der fest entschlossen war, seinen Herrschaftsbereich zu schützen, dies jedoch geschickt mit einer vermeintlichen Fürsorge für andere tarnte. Mein fleischlicher Sinn organisierte Ablenkungsmanöver, um nicht von der Wahrheit entthront zu werden.

Der Preis der Gemeinschaft

Jeder, der den Sinn Christi haben möchte, muß den Preis zahlen, den ein Leben in der Gemeinschaft kostet. Dieser Preis ist der Schmerz und die Angst vor der Offenheit, besonders weil Menschen oft Fehler machen und uns manchmal auch verletzen wollen. Der Preis ist immer auch die Demut, sich von anderen *formen zu lassen*. „Zu ihm kommend als zu einem lebendigen Stein, von Menschen zwar verworfen, bei Gott aber auserwählt, kostbar, *laßt euch* auch selbst als lebendige Steine *aufbauen*, als ein geistliches Haus, ein heiliges Priestertum, um geistliche Schlachtopfer darzubringen, Gott wohlannehmbar durch Jesus Christus" (1. Petr 2,4-5; Hervorhebungen vom Autor. Beachten Sie das Passiv; es heißt nicht: „... bauen wir uns selbst auf ...", sondern: „... *laßt euch aufbauen* ..."). Nur wenn wir den Geschwistern oft genug die Erlaubnis geben, unsere Welt der kleinkrämerischen Gedanken zu erschüttern, können wir uns vom Klammergriff unserer fleischlichen Gesinnung losreißen.

Gegen den Stolz und die Isolationsbestrebungen unseres fleischlichen Sinnes gibt es kein anderes Gegenmittel als die Unterordnung unter den Dienst und die Hilfe anderer, auch wenn wir noch so sehr Angst davor haben, daß sie Fehler machen könnten. Ein befreundeter Pastor, der mir sehr am Herzen lag, willigte ein, daß wir in unserem Leitertreffen für ihn beteten. Die Gebete der Pastoren waren so gesalbt, daß ich (der ihn gut kannte) sehen konnte, wie jedes ihrer Worte genau den Punkt traf und seine Not beim Namen nannte. Doch am Ende ihres Gebets stand mein Freund auf und sagte: „Brüder, ich weiß, ihr habt es gut gemeint, doch ich muß selbst Herr über meine Seele sein und mir scheint, ihr habt am Ziel vorbeigebetet; deshalb muß ich dieses Gebet von mir weisen." Ich war am Boden zerstört! Im Laufe der darauffolgenden Monate wurde dieser Pastor geisteskrank! Wir müssen bereit werden zuzuhören, sonst wird unser fleischlicher Sinn Netze knüpfen, die uns für immer gefangenhalten.

Geistlicher Dienst

Dienst ist der letzte Weg zur Entthronung des fleischlichen Sinnes, den ich hier ansprechen möchte. „Denn wer sein Leben retten will, wird es verlieren; wer aber sein Leben verliert um meinetwillen, der wird es retten" (Lk 9,24). Der Leittext dieses Buches, Römer 12,2, steht in folgendem Kontext: „Ich ermahne euch nun, liebe Brüder, weihet Gott aus Dankbarkeit für seine Erbarmung euern Leib als ein lebendiges, heiliges, Gott wohlgefälliges Opfer! *So verrichtet ihr einen geistlichen Gottesdienst*" (Röm 12,1; Albrecht; Hervorhebung vom Autor).

Jeder, der sich aufmacht, dem Herrn zu dienen, sei es als Prophet, Pastor, Bibellehrer, Fürbitter – was auch immer, stellt sehr schnell fest, daß sein ehemaliger Freund nun gelegentlich sein Feind ist. Unser fleischlicher Sinn lenkt uns öfter ab, als daß er uns hilft.

Jeder Pastor oder Bibellehrer, der sich schon einmal Zeit genommen hat, eine Predigt vorzubereiten, hat mit herumstreunenden, vagabundierenden Gedanken und Konzentrationsschwierigkeiten gekämpft, ja manchmal sogar seine ganze Zeit damit verplempert. Die fleischliche Gesinnung weiß: Wenn wir uns fest im Dienst engagieren, wird die Salbung kommen und den fleischlichen Sinn vom Thron stoßen. Wenn wir beharrlich weiterdienen, wird der fleischliche Sinn letztendlich ausgehungert und vollständig durch den Sinn Christi ersetzt werden.

Der fleischliche Sinn spürt, wie seine drohende Niederlage näher rückt und inszeniert alle nur denkbaren Störmanöver. Wiederum gehen wir am besten damit um, indem wir sie einfach ignorieren. Wenn wir aber auf uns selbst losgehen und uns geißeln, weil wir uns ablenken ließen, hat das Fleisch schon gewonnen, noch während wir Buße tun; wir haben uns vom selbstlosen Dienen ablenken lassen.

Jeder, der anfängt, andere zu beraten, wird sehr bald ein Gespür dafür bekommen, wie deren Sinn der Wahrheit aus dem Weg geht und dumme Vernunftgründe und Entschuldigungen dafür findet. Diese Erkenntnis der Sünde des anderen beginnt, wie ein Spiegel zu reflektieren und mit einem Mal können wir nicht mehr heraus: Wir müssen uns unserem eigenen Selbstbetrug stellen. Jeder, der heilen möchte, sei es körperlich oder innerlich, bekommt einen Haß darauf, wie Satans Verblendung den Menschen ihre Heilung raubt (Joh 10,10b).

Unser Freund hat Gebet empfangen; es hätte schon beinahe den Wurzeln des Abgelehntseins den Garaus gemacht, die bei ihm zu Furcht und Ängstlichkeit geführt hatten. Satan pflanzt nun eine gehörige Portion Angst in das Herz unseres Freundes und läßt ihn glauben, die Gebete hätten nicht gefruchtet. Aalglatt präsentiert sein fleischlicher Sinn Gründe dafür, warum diese Gebete „nicht in Ordnung“ waren: „Der Seelsorger hat mich nicht ganz verstanden.“ „Oh, ich hab’ einfach nicht genug Glauben, um das durchzuziehen.“ „Das klappt vielleicht bei anderen, bei mir sicherlich nicht.“ Und schon ist der fleischliche Sinn dabei, voller Schadenfreude die Heilungsgebete zu demontieren. Man braucht nur ein paarmal Zeuge dieses Vorgangs zu werden, um die Quertreiberei des fleischlichen Sinnes zu hassen! Nebenbei erkennen wir sehr schnell, wie wir uns selbst betrügen.

Den Sinn Christi in uns lieben lernen

Das Wichtigste am Dienen ist, daß wir den Sinn Christi in uns lieben lernen. Wenn wir vom Heiligen Geist inspiriert dienen, werden wir oft überrascht und von Freude überwältigt feststellen, welche wunderbaren Erkenntnisse unser erneuerter Sinn bekommt. Indem wir auf diese Weise praktisch dienen, wird die Denkweise Christi in uns festgemacht; sein Sinn steigt auf den Thron unseres Lebens, *wenn wir dabei eins nicht vergessen: „Seid von eurer Gesinnung her nicht überheblich; haltet euch nicht selbst für weise"* (Röm 12,16; wörtl. a. d. Engl.; Hervorhebung vom Autor). „So fordere ich denn kraft der mir verliehenen Gnade einen jeden von euch auf, nicht höher von sich zu denken, als zu denken sich gebührt, sondern auf eine besonnene Selbstschätzung bedacht zu sein nach dem Maß des Glaubens, das Gott einem jeden zugeteilt hat" (Röm 12,3; Menge).

Teil II

Das wahre Ausmaß der Problematik

5

Tiefsitzende Prägungen

> Und gebt acht darauf, daß niemand hinter der Gnade Gottes zurückbleibe, daß keine „Wurzel voll Bitterkeit" aufwachse und Unheil anrichte und gar viele durch sie befleckt werden (Hebr 12,15; Menge).

> Schon ist aber die Axt an die Wurzel der Bäume gelegt; jeder Baum nun, der nicht gute Frucht bringt, wird abgehauen und ins Feuer geworfen (Mt 3,10).

„Wie soll unser erneuerter Sinn vom Fleisch so frei werden, daß er in der Lage ist, einen wirklich gerechten Weg aufzuzeigen, auf dem das Herz nachfolgen kann?" Diese Frage schreit nach einer Antwort. Jeder von uns hat schon einmal erlebt, wie bigotte Christen in der falschen Art und Weise Bibelstellen herunterleiern und sich dabei nicht bewußt sind, daß ihr Sinn noch nicht erneuert ist und sie immer noch den verderbten Leidenschaften ihres Herzens dienen. Wem hat es keine Sorgen bereitet, als er mitansehen mußte, wie wiedergeborene Christen Bibelstellen so hindrehten, daß sie ihre Entscheidungen bestätigten, Entscheidungen, zu deren Entstehung ihr erneuerter Sinn nur unwesentlich beigetragen hatte? Somit lautet die Frage: „Wodurch bleibt der erneuerte Sinn auf Kurs und in Übereinstimmung mit dem Wesen Gottes, ungeachtet der Stürme und Ränke des Herzens?" Oder noch einfacher formuliert: „Wodurch wird unser Sinn fähig, sich für die Gerechtigkeit Gottes zu entscheiden?"

Vom Fleisch befreit

In meinen Augen gibt es zumindest zwei zielführende Antworten. Erstens: Als Christen müssen wir täglich und unnachgiebig das Fleisch kreuzigen, um so die Stürme unseres Herzens zu beruhigen. Zweitens: Hingabe und Dienst im Geist Gottes müssen so sanftmütig und umfassend sein, daß man von einem Christen wirklich sagen kann: „Strebe danach, dich Gott bewährt zur Verfügung zu stellen als einen Arbeiter, *der sich nicht zu schämen hat, der das Wort der Wahrheit in gerader Richtung schneidet*" (2. Tim 2,15; Hervorhebung vom Autor).

Innere Heilung scheint der naheliegende Weg, um den ersten Punkt zu erreichen; selbstverständlich trägt jede innere Heilung dazu bei, den Druck zu reduzieren, den unser trügerisches Herz mit seiner Herrschsucht auf uns ausübt. Doch viele Menschen haben schon umfangreiche innere Heilung erfahren und haben nach wie vor keine allzu objektive Sicht der Dinge. *Was bleibt, ist die Notwendigkeit, den Sinn selbst mit seinen Prägungen, d. h. eingeschliffenen Verhaltensweisen, zu kreuzigen.*

Wie könnte man diese Prägungen oder „Spuren" nun charakterisieren? Es gibt zwei verschiedene Kategorien: Die erste sind Denkmuster in unserem Sinn (wie die Rillen einer Schallplatte), die uns *nicht anerzogen wurden* und für die wir uns nicht aufgrund von Erfahrungswerten entschieden haben; vielmehr sind sie ein Teil von uns, Grundvoraussetzungen, die wir als Nachkommen von Adam und Eva geerbt haben. Die zweite Kategorie sind die Denkweisen, die *wir* im Kleinkindalter und im frühen Kindesalter *in uns festzementiert* haben; womöglich liegen sie so tief unten, daß wir uns ihrer Existenz gar nicht bewußt sind, und dennoch leiten sie uns Tag für Tag und können uns jederzeit ein Bein stellen.

Es gibt auch Kombinationen aus ererbten und erworbenen Prägungen. *Unbewußte Prägungen haben wir alle, ob wir nun wiedergeboren sind oder nicht.* Allzuoft kanalisieren sie Ströme fleischlicher Leidenschaften und leiten sie beinahe ungehindert an die Oberfläche, wo sie die Kontrolle übernehmen. Vielleicht hat uns Paulus vor allem wegen dieser unbewußten Prägungen geboten, nicht dieser Welt gleichgesinnt zu sein, sondern auf der Grundlage des Wortes Gottes umgestaltet zu werden!

In meiner Kindheit gab es neben den großen Schnellstraßen nur wenige asphaltierte Straßen. Wenn es regnete, verwandelten sich die meisten Landstraßen in einen Morast. Fahrzeuge, die darüberfuhren, hinterließen tiefe Spuren, die manchmal kilometerlang waren. Damals witzelte man: „Such' dir deine Spur gut aus; du wirst die nächsten zehn Kilometer nicht aus ihr rauskommen!"

Unser Sinn erbt und fabriziert dieselben tiefen „Spuren". Wenn damals die Furchen zu tief wurden und der Fahrer eines Wagens nicht vorsichtig fuhr, konnte ihm die kleinste Bodenwelle die Ölwanne herunterreißen. Vergleichbar damit gilt: Wenn die „Spuren" unseres Sinnes so tief werden, daß wir unsere Flexibilität verlieren (man kommt nicht mehr raus), droht die kleinste Erschütterung im Leben das „Öl" der Freude zu verschütten. Wer aus den Prägungen der Mentalität herauskommen möchte, muß genauso kraftvoll und vorsichtig „lenken" wie damals die Kraftfahrer auf den Landstraßen. Das bewältigen wir einzig und allein durch die Gnade Jesu, durch feste Entschlossenheit und Zähigkeit.

Henry kam in einem emotionellen Überschwang zum Herrn. Er liebte Jesus mit jeder Faser seines Seins. Doch er hatte sich im Laufe vieler Jahre eine bestimmte Einstellung zum Geld angewöhnt und sich bestimmte Methoden angeeignet, es zu bekommen. Auch verfügte er über festgefügte gedankliche Strategien, wie er sich an jemandem rächen könne, der ihm bei einem seiner Lieblingsprojekte in die Quere kam oder seinen Freunden Schaden zufügte. Als er Mitglied des Gemeindevorstandes wurde, versuchte er zwar aus Leibeskräften umzudenken, aber er schaffte es nicht; er konnte sich auch nicht mit der Vorstellung anfreunden, anderen gegenüber freigebig zu sein. Er dachte nach wie vor knallhart und nüchtern wie ein Geschäftsmann und forderte von den anderen Gemeindevorständen, doch genauso „praktisch" zu denken wie er. Sein Sinn hatte sich in diesem Trott, dieser Prägung, festgefahren, auch wenn er sich noch so anstrengte, die anderen Männer des Glaubens zu verstehen. (Welchem Pastor hat diese „gedankliche Schiene" seiner Mitglieder nicht schon zu schaffen gemacht?!)

Als eines Tages ein junger Kerl seine Tochter mißbrauchte, ging es Henry wie einem, der von einer Burgzinne springen muß – er mußte reagieren und sich entscheiden! Sein noch recht junger Glaube sagte ihm, er müsse vergeben. Die Liebe Jesu übermannte ihn, er nahm seine verletzte Tochter und deren verängstigten Freund zärtlich und mit offenen Armen auf. Doch sein Wille verfing sich in den festgefahrenen Prägungen seines Sinnes. Um Henry aus der Umklammerung seines Sinnes zu befreien, war ein gewaltiges Wunder und ein persönliches Eingreifen Gottes erforderlich.

Ein Freund von mir wuchs in einer sehr liberalen Gemeinde auf, deren Mitgliedern tief in ihrem Sinn und in ihrem Herzen eingeschärft wurde, daß das Gewissen eines Menschen etwas Unantastbares sei und niemand anderen etwas angehe. Unser gemeindeübergreifender Arbeitskreis organisierte in unserer Gegend mehrere evangelistische Veranstaltungen und lud dazu einen Evangelisten aus Südafrika ein. Eines Abends stand ich im Saal zufällig in der Nähe meines Freundes, als der Evangelist dazu aufrief, sich für Jesus zu entscheiden, und die Kraft des Heiligen Geistes wie ein Regen auf die Versammlung niederprasselte.

Schon vor den Veranstaltungen hatte mein Freund mit sich gerungen, ob er überhaupt an so einem Treffen teilnehmen solle, wo womöglich jedermann den Gefühlsausbruch des anderen sehen könne und sich manche Leute vielleicht geneigt fühlten, Dinge zu sagen, die sehr privat und peinlich sind. Das widersprach seiner Überzeugung: „Religion sollte eine Privatangelegenheit sein! Bloß keine Zurschaustellung von Emotionen!"

Da stand mein Freund, mit einem Bein schon im Mittelgang; sein Körper schwankte hin und her, während er dagegen ankämpfte, daß der Heilige Geist ihn überführte. Ich wußte: Für seine Beziehung zu Gott war dieser Moment von entscheidender Bedeutung. Ich begann leidenschaftlich für ihn zu beten. Der Heilige Geist war zum Frontalangriff auf die tiefen Prägungen seiner Erziehung übergegangen, und in seinem Innersten tobte ein wilder Kampf. Mitanzusehen wie sein fleischlicher Sinn diesen Kampf gewann, brach mir fast das Herz; er setzte sich; mir stand förmlich vor Augen, wie der Feind seines Geistes, wie seine tiefliegenden, eingeschliffenen Verhaltensweisen ihn fesselten, obwohl sein Geist wußte, wohin er gehen sollte. Ich nahm mir vor, diesen Feind zu vernichten und seit jenen Tagen habe ich einen abgrundtiefen Haß auf diese Art von Prägungen.

Tiefe Prägungen – Tiefe Wurzeln

Tiefe Prägungen sind auch oft die gedankliche Erscheinungsform der *tiefen Wurzeln* in uns. Was sind Wurzeln? *Die individuelle Art eines Menschen (verborgen und seit langem prakti-*

ziert), sich „Aufbaustoffe“ und Erfüllung von Gott, von anderen Menschen, von sich selbst und von der Natur zu holen – sein Grundmuster der Beziehungsaufnahme. Eine Wurzel ist ein System des Nehmens, nicht des Gebens. Eine Wurzel ist ein spezielles „Verfahren“, das unser Innerstes entwickelt hat, um all das zu bekommen, was ihm zu seinem Überleben und Wohlergehen notwendig scheint.

Wurzeln sind verborgen; in ähnlicher Weise haben wir uns als kleine Kinder eine bestimmte Art zu gehen und zu sprechen angewöhnt, bis diese schließlich quasi zu einem automatisch ablaufenden System wurde, das wir nicht durch kontinuierliche und bewußte Anstrengung am Laufen halten müssen. So rationell arbeitet Gott. Wenn wir uns darauf konzentrieren müßten, wie wir gehen und sprechen, würden wir uns allein durch die Aufrechterhaltung der einfachsten Lebensfunktionen aufreiben. Hätten wir das Gehen in Texas gelernt, hätten wir uns wahrscheinlich, ohne es zu wissen, einen federnden Gang und große Schritte angewöhnt, in Japan dagegen kurze, feste Schritte. Oder denken wir nur an die regionalen Sprachunterschiede in Deutschland: In Frankfurt warnt man: „Das fällt gleisch rundäh!“, in Franken hingegen: „Des fallt glei nunda!“ Im Allgäu hört man „hasch“ und „bisch“ anstatt „hast“ und „bist“; bei den Schwaben endet alles mit einem “-le“.

Wir sprechen schleppend oder schnell, weil wir uns das bis zu unserem sechsten Lebensjahr angewöhnt haben. Diese Eigenarten entstanden vor so langer Zeit, daß wir sie entweder vergessen haben oder uns ihrer nie wirklich bewußt waren. Auf diese Weise sind uns unsere Gewohnheiten verborgen. Erst wenn wir anderen Menschen begegnen, erkennen wir, daß sich unsere Eigenheiten von denen der anderen oft unterscheiden.

Es bedarf einer großen Anstrengung, Wurzeln und/oder tiefe Prägungen zu ändern. Ein Beispiel: Es ist durchaus möglich, sich eine praktisch akzentfreie Sprechweise anzugewöhnen, doch in einem Moment der Aufregung fällt man wieder in den Akzent der Kindheit zurück. In ähnlicher Weise bleiben Wurzeln der Emotionen und des Verhaltens sowie Prägungen der Mentalität verborgen und treten oft erst dann an die Oberfläche, wenn man von einem Affekt übermannt wird.

Doch in gewisser Hinsicht ist dieser Vergleich irreführend: Das Gehen und das Sprechen kommt aus *unserem Inneren* und spiegelt eine bestimmte Art, sich zu bewegen und sich auszudrücken, wider. Doch wie man über die Grenzen der eigenen Person hinausgeht und *sich nach anderen ausstreckt*, um von ihnen das zu bekommen, was man braucht – das sind eben diese Wurzeln. Wurzeln sind eingeschliffene und längst vergessene Gewohnheiten, durch die wir automatisch unserem Umfeld das entziehen, was wir brauchen. Die Wurzeln eines Baumes strecken sich ins Erdreich, nehmen Wasser und Nährstoffe auf und transportieren sie durch die Zellen des Holzes zu allen Zweigen und Blättern. In gleicher Weise streckt sich unser Geist durch unser Wurzelsystem nach Gott, nach anderen Menschen, nach den Quellen tief in uns und nach der Natur aus, um Zuwendung, Anerkennung, Liebe, Wertschätzung, Geborgenheit usw. zu empfangen, oder um im ungünstigeren Fall Ablehnung, Liebesentzug, Kritik, Bitterkeit, Unnahbarkeit usw. in sich aufzunehmen!

Einige Wurzelgeflechte reichen bis zu Adam und Eva zurück, wie wir im weiteren noch sehen werden. Andere haben wir auf der Grundlage unserer Erfahrungen in der ersten Lebensphase gebildet. Schon im Mutterleib ist unser Geist äußerst empfänglich und sensibel. Er streckt sich nach Mutter und Vater aus und spürt, daß er entweder erwünscht, willkommen und geborgen ist oder abgelehnt wird. *Lange vor der Geburt hat unser Geist schon seine ersten tiefreichenden Wurzeln entwickelt* (weitere Informationen hierzu finden Sie in den ersten vier Kapiteln von *„Heilung des verwundeten Geistes“*).

Durch Erfahrungen mit Eltern, Geschwistern und anderen Mitmenschen werden sowohl die Wurzelsysteme, die wir geerbt, als auch diejenigen, die wir selbst hervorgebracht haben, entweder bestätigt oder ausgerissen und neu geschaffen. Wenn wir das sechste Lebensjahr erreicht haben, sind beide Arten von Wurzeln schon fest in uns verankert. Vom sechsten bis ungefähr zum zwölften Lebensjahr bauen und konsolidieren wir mit großem Fleiß den Hauptstamm unseres Charakters, von dem im Laufe unseres weiteren Lebens die Äste und Blätter unserer Persönlichkeit abhängen werden.

Als Teil unseres Wurzelsystems können *tiefe Prägungen* die Aufnahme von lebensnotwendiger Substanz entweder günstig beeinflussen, behindern oder ganz und gar verhindern. *Zweifellos* gibt es gute Wurzeln und Prägungen. Doch auch sie müssen am Kreuz sterben, damit sich unsere Gerechtigkeit nicht auf unser Fleisch gründet, sondern vielmehr auf den Heiligen Geist. Doch in diesen Kapiteln werden wir ausschließlich von schlechten Wurzeln und Prägungen sprechen.

Unser *Geist* gebraucht die *Wurzeln*, um Nahrung zu bekommen; die *tiefen Prägungen* sind die *gedankliche Erscheinungsform* dieser Wurzeln. Ein Beispiel: Wenn man mit einem Kleinkind nur wenig kuschelt, es jedoch oft hart züchtigt, kann die Fähigkeit seines Geistes, Nahrung zu empfangen, verkümmern; höchstwahrscheinlich werden sich in seinem Sinn in dieser Zeit Gedanken darüber anhäufen und konsolidieren, was man von Autoritätspersonen und nahestehenden Menschen zu erwarten hat. Diese Denkweise wird unter Umständen die letzten verbliebenen guten Wurzeln auch noch ersticken. Wenn dieser Mensch erwachsen ist, machen es ihm tiefe Prägungen vielleicht unmöglich, die Liebe anderer überhaupt zu registrieren oder sie pervertieren echte Liebesbeweise dahingehend, daß er in einem paranoiden Wahn darin nichts als Liebesentzug oder Mißbrauch sieht. Lange nach seiner Bekehrung, Jahre nachdem der bewußte Teil seines Sinnes die rettende Liebe Jesu angenommen und zu seiner großen Überraschung und Freude die tausendfältigen liebevollen Umarmungen vom Ehepartner, Kindern und Freunden akzeptiert hat, kann sich der tief verborgene Teil seines Sinnes nach wie vor in den eingeschliffenen Spuren von Mißverständnis und Selbstmitleid bewegen.

Die tiefen Prägungen liegen im Herzen. Ja, denn „… aus dem Herzen kommen böse Gedanken hervor“ (Mt 15,19; Menge).

Vererbte Wurzeln

Wir alle haben Wurzeln, die wir von Adam und Eva geerbt haben; es gibt keine Ausnahmen. Jeder hat denselben Anteil an der Erbsünde; es gibt niemanden, der eine „Sonderration“ bekommen hätte. Doch was wir mit diesen ererbten Wurzeln *machen*, ist von Fall zu Fall *verschieden*.

In der Grundschule haben wir gelernt, daß sich der Wert eines Bruches dadurch verändert, daß der Nenner jeweils konstant bleibt, der Zähler jedoch variiert. Dasselbe gilt für die Wurzeln: Vererbte Wurzeln sind wie Nenner – sie sind allen Menschen gleich. Doch ob sie verkümmern oder sich weiterentwickeln, ob sie allein für sich bleiben oder sich zu komplexen Systemen verknüpfen, ob sie stark oder schwach ausgebildet sind, ob man sie bewußt wahrnimmt oder ob sie zur unbewußten Triebfeder unseres Handelns werden – das ist der „Zähler", die Variable, die den Unterschied ausmacht und bei jedem Menschen anders ausgeprägt ist.

Wurzeln und tiefe Prägungen sind in uns allen ungemein fest verankert; wie wir sie am Anfang unseres Lebens geerbt oder selbst entwickelt haben, so funktionieren sie auch weiter – unbeirrbar und hartnäckig; schon allein aufgrund dieser Tatsache wird offenbar, weshalb der Prozeß der Heiligung und der Umgestaltung immer wieder Schmerz bereitet und noch lange, nachdem wir Jesus als unseren Herrn und Heiland angenommen haben, andauert und weshalb es so enorm wichtig ist, eine Erneuerung des Sinnes zu erfahren.

Vor einigen Jahren fing in der Sunshine Silbermine in Kellogg (Bundesstaat Idaho) Holz Feuer, was im Bergbau so gut wie nie vorkommt. Hölzerne Stützbalken und Bahnschwellen saugten sich voll Öl, fingen an zu schwelen und entzündeten sich. Kohlenmonoxyd breitete sich in den Stollen aus, und einundneunzig Grubenarbeiter starben. Helfer des ärztlichen Rettungsdienstes sagten uns: „Das menschliche Blut ist so dumm, daß es Kohlenmonoxyd dreihundertmal lieber aufnimmt als Sauerstoff!" Das wurde den einundneunzig Männern zum Verhängnis. Obwohl der Rauch noch genügend Sauerstoff enthielt, hatte sich ihr Blut für das todbringende Kohlenmonoxid entschieden und nicht für den lebenspendenden Sauerstoff!

Ganz ähnlich verhalten sich unsere Wurzeln: Wenn sie sich einmal daran gewöhnt haben, Ablehnung, Haß, Kritik etc. zu suchen und sich damit über Wasser zu halten, werden sie sich vermutlich das herauspicken, was Elend und Tod bewirkt und Leben erstickt, auch wenn uns unser Umfeld Liebe, Ermutigung, Zuwendung und Wertschätzung in Hülle und Fülle schenkt. Dreihundert Menschen können uns Komplimente machen und uns bestätigen, doch wenn uns nur ein einziger kritisiert, können wir völlig durcheinander geraten!

Glücklicherweise verhält sich unser Wurzelsystem nicht ganz so töricht wie das Blut, wenn es die Wahl hat zwischen Kohlenmonoxyd und Sauerstoff. Nicht immer wählt es dreihundertmal lieber den Tod als das Leben! Wir bekommen durchaus von ihm Nahrung. Und dennoch haben sich allzu viele Menschen allzu oft unbewußt für den Tod entschieden und dem Leben soviel Tod beigemengt, daß ihre Emotionen im normalen „raucherfüllten" Umfeld, in dem wir alle leben müssen, verkümmerten. In den meisten christlichen Familien – ja auch in einigen, die Christus nicht kennen – gab es genügend „Sauerstoff" der Liebe, um ein glückliches und reiches Leben führen zu können; doch oft genug haben wir versagt und waren nicht in der Lage, uns dafür zu entscheiden. Deshalb muß die Erneuerung des Sinnes weitergehen, auch noch lange nachdem Verhaltensmuster wirksam am Kreuz gestorben sind, damit sich unser fleischlicher Sinn nicht noch einmal an unsere kranken Wurzeln klammert und unsere Entscheidung für das Gute in eine Entscheidung für das Schlechte umkehrt. Aus diesem Grund schrieb Paulus: „Sehet zu, ihr Brüder, daß nicht jemand von euch *ein böses, ungläubiges Herz* habe, im Abfall begriffen von dem lebendigen Gott" (Hebr 3,12; Schlachter; Hervorhebung vom Autor). Die Wurzeln sind im Herzen (wie die Prägungen); *von dort aus verleiten sie uns zu falschen Entscheidungen.*

Beachten Sie, daß der Herr davon abriet, Wurzeln auszureißen:

> Ein anderes Gleichnis legte er ihnen vor und sprach: Mit dem Reich der Himmel ist es wie mit einem Menschen, der guten Samen auf seinen Acker säte. Während aber die Menschen schliefen, kam sein Feind und säte Unkraut mitten unter den Weizen und ging weg. Als aber die Saat aufsproßte und Frucht brachte, da erschien auch das Unkraut. Es kamen aber die Knechte des Hausherrn hinzu und sprachen zu ihm: Herr, hast du nicht guten Samen auf deinen Acker gesät? Woher hat er denn Unkraut? Er aber sprach zu ihnen: Ein feindseliger Mensch hat dies getan. Die

> Knechte aber sprachen zu ihm: Willst du denn, daß wir hingehen und es zusammenlesen? Er aber sprach: Nein, damit ihr nicht etwa beim Zusammenlesen des Unkrauts zugleich mit ihm den Weizen ausrauft. Laßt beides zusammen wachsen bis zur Ernte, und zur Zeit der Ernte werde ich den Schnittern sagen: Lest zuerst das Unkraut zusammen, und bindet es in Bündel, um es zu verbrennen; den Weizen aber sammelt in meine Scheune! (Mt 13,24-30)

Aus diesem Grund wird bei der inneren Heilung nie eine Wurzel ausgerissen. Wie ein Muskel, wird auch der Glaube durch konsequentes Training gestärkt. Wenn wir mit den Wurzeln der Schwachheit ringen, sind wir gezwungen, uns noch fester als zuvor an Gott zu klammern – eine gute Gewohnheit wird vervollkommnet. Deshalb heißt es: „Meine Kraft kommt in Schwachheit zur Vollendung“ (2. Kor 12,9). Das Gebet um innere Heilung beendet die Macht des schlechten Charakters, der von bitteren Wurzeln am Leben erhalten wird. Es legt die Axt, das Schwert der Wahrheit, an das sündige Wurzelwerk und schneidet somit dem schlechten Charakter und dem daraus resultierenden Verhalten die Nahrungs- und Kraftquelle ab (Mt 3,10). Weil jedoch nach wie vor todbringende Pfahlwurzeln in unserem Leben weiterbestehen, ist und bleibt unser Fleisch schwach; das bedeutet kontinuierlichen Kampf, wodurch wiederum unser „Glaubensmuskel“ trainiert wird!

Dieser Kampf soll die in unserem fleischlichen Sinn verankerte Gefühlswelt sowie die daraus resultierenden Denkschemata überwinden. *Wenn man dem „Baum“ des Charakters den Todesstoß versetzt und ihn von seiner Nahrungszufuhr abgeschnitten hat, dann sind es die fleischlichen Gefühle und die sich daraus ableitenden falschen, eingeschliffenen Denkschemata, die einen toten Baum wieder mit Wurzeln verbinden und somit falsches Verhalten neu aufleben lassen.* Deshalb ist es ein Muß, in der Erneuerung des Sinnes gute Fortschritte zu machen, um nicht wieder in Konformität mit dieser Welt zu leben. Wir kommen zur Ruhe und genießen ein überreiches Leben in Christus, wenn wir es uns durch Disziplin zur Gewohnheit machen, die Verführungen der bitteren Wurzeln und Prägungen zu entlarven und sie ohne Umschweife und ganz unkompliziert für tot (am Kreuz) zu erklären (Röm 6,11).

6

Unser Erbe aufgrund der Sünden von Adam und Eva im Garten Eden: Verschiedene Wurzeln und daraus resultierende Prägungen

> Aber trotzdem hat der Tod seine Herrschaft unbeschränkt von Adam bis Mose *sogar über die ausgeübt, welche sich nicht durch Übertretung in gleicher Weise versündigt hatten wie Adam*, der das Vorbild des zukünftigen Adam ist (Röm 5,14; Menge).

> *Denn wenn durch die Übertretung des einen der Tod durch den einen geherrscht hat*, so werden viel mehr die, welche die Überschwenglichkeit der Gnade und der Gabe der Gerechtigkeit empfangen, im Leben herrschen durch den einen, Jesus Christus. *Wie es nun durch eine Übertretung für alle Menschen zur Verdammnis kam*, so auch durch eine Gerechtigkeit für alle Menschen zur Rechtfertigung des Lebens. *Denn wie durch des einen Menschen Ungehorsam die vielen in die Stellung von Sündern gesetzt worden sind*, so werden auch durch den Gehorsam des einen die vielen in die Stellung von Gerechten gesetzt werden (Röm 5,17-19; alle Hervorhebungen vom Autor).

Als Teil des Erbes von Adam und Eva besitzt jeder Mensch zahlreiche tiefreichende geistliche Wurzeln. Die Erbsünde wird nicht nur in rechtlicher Hinsicht von einer Generation zur nächsten übertragen (5. Mo 5,9). Die Sünde überträgt sich auch durch erbliche Wurzeln, von Mensch zu Mensch, von Geschlecht zu Geschlecht. Ein Neugeborenes weiß instinktiv, daß es an der Brust der Mutter saugen muß; so wissen wir auch schon im

Mutterleib, wie wir auf der uns angemessenen Ebene Gutes von Gott und Böses in uns aufnehmen können. Niemand braucht dem Baby zu erklären, wie es atmen oder in die Windel machen muß.

Auch unser Geist streckt sich instinktiv nach Gott aus. Doch aufgrund der Sünde Adams verbinden sich in diesem instinktiven Verhalten Suche und Flucht, Liebe und Rebellion, Akzeptanz und Ablehnung, Offenheit und Rückzug, Wollen und Nicht-Wollen, das Verlangen nach Gott und stattdessen die Preisgabe des Segens für ein „Linsengericht".

Augustinus sagte, wir seien *in* Gott erschaffen worden und *unruhig*, bis wir zu ihm zurückkehren. Als Teil des „Päckchens", das alle menschlichen Nachfolger Adams und Evas mitbekommen, finden wir in uns unzählige ambivalente Verhaltensmuster. Wir brauchen sie nicht extra „abzurufen", aufzustöbern oder zu aktivieren. *Ritualisierte Wurzeln und tiefsitzende gedankliche Prägungen existieren a priori; sie sind ein Teil von uns, noch bevor wir selbst etwas lernen oder schaffen.*

Erbsünde

Führen wir uns doch den Begriff der Erbsünde vor Augen, und zwar so, wie er in den oben zitierten und uns vertrauten Bibelstellen dargestellt wird. Die Christen legen zwar oft ein Lippenbekenntnis für die Vorstellung von der Erbsünde ab, doch wie mir scheint, fehlt ihnen im Grunde das rechte Verständnis. Wir müssen verstehen, daß Paulus hier nicht nur theoretisierte oder rein logisch beweisen wollte, daß wir alle Sünder sind, damit wir das Heil um so bereitwilliger annähmen. Vielmehr lehrte er über die niederschmetternde Realität unseres sündhaften Wesens, das sich nolens volens von Generation zu Generation und von Mensch zu Mensch überträgt. *Dieses theoretische Verständnis wird zu einer konkret faßbaren Wirklichkeit in uns, wenn wir begreifen, wie real und mächtig die Wurzeln und tiefen Prägungen in uns sind* (das soll in den folgenden Kapiteln veranschaulicht werden).

Doch zunächst wollen wir auf etwas anderes hinweisen: Paulus lehrte auch, daß unser Geist instinktiv Gott kennt und daß diese Erkenntnis durch die Sünde verdorben wurde:

> Denn es wird geoffenbart Gottes Zorn vom Himmel her über alle Gottlosigkeit und Ungerechtigkeit der Menschen, welche die Wahrheit durch Ungerechtigkeit niederhalten, weil das von Gott Erkennbare unter ihnen offenbar ist, denn Gott hat es ihnen geoffenbart. Denn sein unsichtbares Wesen, sowohl seine ewige Kraft als auch seine Göttlichkeit, wird *von Erschaffung der Welt an* in dem Gemachten *wahrgenommen und geschaut*, damit sie ohne Entschuldigung seien; *weil sie Gott kannten*, ihn aber weder als Gott verherrlichten noch ihm Dank darbrachten, *sondern in ihren Überlegungen in Torheit verfielen und ihr unverständiges Herz verfinstert wurde* (Röm 1,18-21; Hervorhebungen vom Autor).

Schauen wir uns nun die Geschichte an, wie Gott sie erzählt, um herauszufinden, wann und wie unsere sündhaften Wurzeln entstanden und wie sie funktionieren:

> Da bildete Gott, der Herr, den Menschen, aus Staub vom Erdboden und hauchte in seine Nase Atem des Lebens; so wurde der Mensch eine lebende Seele. Und Gott, der Herr, pflanzte einen Garten in Eden im Osten, und er setzte dorthin den Menschen, den er gebildet hatte. Und Gott, der Herr, ließ *aus dem Erdboden* allerlei Bäume wachsen, begehrenswert anzusehen und gut zur Nahrung, und den Baum des Lebens *in der Mitte des Gartens*, und den Baum der Erkenntnis des Guten und Bösen (1. Mo 2,7-9; Hervorhebungen vom Autor).

Beachten Sie, daß der Verfasser des 1. Buchs Mose zwischen den Bäumen, die „aus dem Erdboden" wachsen und dem „Baum des Lebens" sowie dem „Baum der Erkenntnis des Guten und Bösen" unterscheidet. Es steht nirgends, daß zweitere auch aus dem Erdboden gewachsen wären. Vielmehr scheinen sie eine andere Frucht hervorzubringen als jene Bäume, die aus dem Erdboden wuchsen.

Der Baum des Lebens

Überall in der Heiligen Schrift, vom 1. Buch Mose bis zur Offenbarung, finden wir sowohl den Baum des Lebens als auch allgemein den Baum als Symbol. In Psalm 1,3 heißt es über den Mann, der weder dem Rat der Gottlosen folgt noch den Weg der Sünder betritt: „Er ist wie ein Baum, gepflanzt an Wasserbächen, der seine Frucht bringt zu seiner Zeit, und dessen Laub nicht verwelkt." In Daniel 4 erschrak Nebukadnezar über einen Traum, den keiner seiner Wahrsager deuten konnte. Daniel hingegen machte deutlich, daß der große Baum, von dem im Traum die Rede war, der König selbst war; weil er stolz war, würde er umgehauen werden, bis er erkenne, daß „... die Himmel herrschen" (V.24). Ich glaube, daß sich das Symbol des Baumes hauptsächlich auf den „Baum" des Charakters eines Menschen bezieht.

Im Garten Eden ist der Baum des Lebens das Wort, das unser Herr Jesus Christus wurde (Joh 1,14). Somit ist der Baum des Lebens sein unvergleichlicher Charakter und seine liebevolle Art, von der Adam und Eva alles bekommen konnten, was sie brauchten. Seit dem Sündenfall symbolisieren einige Bäume in uns unseren bösen Charakter; der Herr muß sie fällen, wie es in Matthäus 3,10 heißt: „Schon ist aber die Axt an die Wurzel der Bäume gelegt; jeder Baum nun, der nicht gute Frucht bringt, wird abgehauen und ins Feuer geworfen."

Die Geschichte von Gott und dem Menschen, von Himmel und Erde, gipfelt in der Vision vom Baum des Lebens in Offenbarung 22,1-2:

> Und er zeigte mir einen Strom von Wasser des Lebens, glänzend wie Kristall, der hervorging aus dem Thron Gottes und des Lammes. In der Mitte ihrer Straße und des Stromes, diesseits und jenseits, war der Baum des Lebens, der zwölf Früchte trägt und jeden Monat seine Frucht gibt; *und die Blätter des Baumes (dienen) zur Heilung der Nationen* (Hervorhebung vom Autor).

Hier wird unmißverständlich klar: Der Baum des Lebens ist unser Herr Jesus Christus, sein Charakter und die Früchte seines Wesens. Überdies sind wir seine „Blätter" geworden, die zur

„Heilung der Nationen" dienen. Die Verheißung sagt, daß *sein* Charakter *unser* Charakter werden wird; und er wird andere durch uns heilen.

> Und Gott, der Herr, nahm den Menschen und setzte ihn in den Garten Eden, ihn zu bebauen und ihn zu bewahren. Und Gott, der Herr, gebot dem Menschen und sprach: Von jedem Baum des Gartens darfst du essen; aber vom Baum der Erkenntnis des Guten und Bösen, davon darfst du nicht essen; denn an dem Tag, da du davon ißt, mußt du sterben! Und Gott, der Herr, sprach: Es ist nicht gut, daß der Mensch allein sei; ich will ihm eine Hilfe machen, die ihm entspricht (1. Mo 2,15-18).

Beachten Sie: Der Baum des Lebens war mit keinem Verbot belegt. Adam konnte ungehindert von *jedem* Baum, *außer* dem Baum der Erkenntnis von Gut und Böse essen. Bevor die Sünde ihm den Zugang versperrte, hatte er somit die Freiheit, vom Baum des Lebens zu essen, ja er wurde sogar mit Nachdruck dazu aufgefordert! Wir sehen auch, daß es Ungehorsam und folglich Sünde ist, vom Baum der Erkenntnis von Gut und Böse zu essen und erinnern uns dabei an die Worte: *„Die Seele, die sündigt, sie soll sterben"* (Hes 18,4; Hervorhebung vom Autor). Beachten Sie dabei ganz besonders, daß Eva noch nicht erschaffen war, als dieses Gebot ausgesprochen wurde!

Gott hat in seiner Weisheit niemanden wissen lassen, ob Adam Eva pflichtbewußt auf dieses Gebot hinwies, sie es jedoch vergaß, oder ob er ihr nur vage oder überhaupt nicht davon erzählte. Wenn er so war wie ich, dann hat er völlig vergessen, es ihr zu sagen! Auf jeden Fall beging sie einige schwerwiegende Fehler.

Überhaupt mit der Schlange zu sprechen, war ihr erster Fehler (um ihr nicht unrecht zu tun, müssen wir daran denken, daß man im nachhinein immer schlauer ist; noch dazu haben wir ja den Vorteil, daß uns die Geschichte eine Lehrmeisterin ist). Der zweite Fehler: Offensichtlich ging Eva zu Satan und traf ihre Entscheidung, ohne Adam mit einzubeziehen; wenn nicht, hat

Adam wohl geschwiegen, oder vielleicht war Evas Unterhaltung mit dem Teufel nur ein innerer Dialog.

In 1. Mose 3,6 heißt es: „… sie nahm von seiner Frucht und aß, und sie gab auch ihrem Mann *bei ihr* …" Also war er entweder von Anfang an mit dabei oder kam gerade in dem Augenblick dazu. Wiederum gibt Gott in seiner Weisheit keine Antwort darauf, ob Adam ohne Eva unterwegs war oder sie verpaßte oder ob sie seinen Schutz verlassen hatte. Ungeachtet dessen, was wirklich geschah, halten wir eins fest: *Den beiden fehlte der Zusammenhalt und die gegenseitige Aufmerksamkeit; daraus leitet sich die erste unserer ererbten Wurzeln und Prägungen ab. In der Eheseelsorge werden wir wohl am meisten damit konfrontiert, daß die Ehepartner nicht richtig miteinander kommunizieren.*

Bevor Roger Bannister als erster Mensch die Meile unter vier Minuten lief, konnte niemand diese Grenze überschreiten. Heute läuft fast jeder gute Läufer die Meile unter vier Minuten! Pioniere geben ein Vorbild, dem andere dann folgen. Dasselbe gilt für Adam und Eva: *Alles, was sie taten, hat die Schiene festgelegt, in der unser Geist, unser Sinn und unser Herz laufen wollen.*

Engramme

Was noch schlimmer ist: Die Sünden von Adam und Eva verhalten sich in unserem Wesen wie *Engramme*. Ein Engramm ist „… eine *dauerhafte, protoplasmatische Veränderung*, die vermutlich von einer Stimulation lebender Nervenzellen herrührt und *für das Erinnerungsvermögen verantwortlich* ist. Man bezeichnet es auch als 'Erinnerungsbild' oder 'Neurogramm'" (*Reader's Digest Illustrated Encyclopedic Dictionary*; Hervorhebungen vom Autor). Engramme werden von Erlebnissen hervorgerufen, die so traumatisch sind, daß sie bestimmte Muster erzeugen, die ab diesem Zeitpunkt von unserem „Motor" wie ein Reflex reproduziert und sogar von unseren Körperzellen immer wieder automatisch wiederholt werden.

Als ich auf der High School war, arbeitete ich nachmittags und samstags bei der Möbelfirma Joplin. Eines Tages erledigte ich in der Nähe der Linoleum-Abteilung kleinere Malerarbeiten. Eine Kundin wollte das Muster einer eng aufgewickelten Linoleumrolle sehen, die neben mir stand. Ich wollte ihr helfen, doch meine Hände waren voll Farbe; mir war auch nicht klar, daß die Rolle mehr als 400 Pfund wog. Ich versuchte, sie umzulegen und stützte sie dabei nur mit meinen Handgelenken ab. Mit großem Getöse krachte sie auf meinen rechten Fuß und zerquetschte dabei die Spitze meines großen Zehs! Seit diesem Tag bringt der Zeh nichts anderes mehr hervor als einen gelben, verwachsenen, häßlichen Zehennagel!

Das beschreibt recht gut, was ein Engramm ist: Ein Schlag, der den Körper veranlaßt, sich an unveränderlichen Mustern festzubeißen. *In gleicher Weise pflanzte jede Tat Adams und Evas in unser Wesen Wurzeln und Prägungen, die so tief und fest verankert sind, daß einzig und allein das Kreuz Christi sie überwinden und uns die Möglichkeit zur Veränderung geben kann! So zieht uns die Erbsünde noch heute in Mitleidenschaft – durch Tendenzen und starrsinnig ausgeübte Verhaltensmuster, die wie Engramme in unserem alten Wesen eingeprägt sind und noch lange nachdem wir zu Jesus gekommen sind, weiterwirken, bis wir sie zum Tod ans Kreuz bringen.*

Also gilt: Weil Adam und Eva sich nicht austauschten, leiden Sie und ich unter derselben Tendenz, unter derselben tiefen Prägung. Dieser „Schlag“ (Adams und Evas Versagen) hat in uns ein Engramm eingeprägt, so daß seit dieser Zeit jedes Ehepaar gegen die eingeschliffenen Verhaltensweisen seines Fleisches kämpfen muß, um die Kanäle der Kommunikation offen und durchlässig zu halten.

Von allem, was bisher gesagt wurde, ist dies die erste und wichtigste Lektion zur Heilung: Was können wir gegen das, was wir eben beschrieben haben, tun? Es mag hilfreich sein, den festen Entschluß zu fassen, sich mehr anzustrengen oder immer daran zu denken, alles gemeinsam durchzusprechen, doch das Problem an sich wird dadurch nicht gelöst.

Wenn wir dauerhafte Befreiung haben möchten, muß jede Wurzel und jede Prägung, die im Laufe dieser Kapitel angesprochen wird, im Gebet ans Kreuz gebracht werden. Ich weiß, daß man durch Wiederholung am meisten lernt; deshalb werde ich diese Ermahnung immer und immer wieder wiederholen, in der Hoffnung, dadurch in uns eine neue „Prägung“ der Reflexion und der heilsamen Gewohnheit entstehen zu lassen.

Weil Satan ein listiger Betrüger ist, hat er dieselbe Masche angewandt, derer sich heutzutage Vertreter bedienen, um leichtgläubige Hausfrauen zu übertölpeln. Der Vertreter möchte das Vertrauen der Frau auf ihr eigenes Fleisch stärken, damit diese auf der Stelle unterschreibt und nicht erst mit ihrem Mann darüber spricht; also stellt er ihr etliche Fragen, die eine Hausfrau leicht beantworten können sollte. So stellte auch Satan Eva eine Frage, und ich bin mir sicher, daß er davon ausging, sie würde sie richtig beantworten: „Hat Gott wirklich gesagt: Ihr dürft von *keinem* Baum des Gartens essen?" (1. Mo 3,1; Einheitsü.; Hervorhebung vom Autor) Satan ist ja nicht allwissend, deshalb muß sich sogar er über die Antwort Evas gewundert haben:

> Von den Früchten der Bäume des Gartens essen wir; aber von den Früchten des Baumes, *der in der Mitte des Gartens steht*, hat Gott gesagt: Ihr sollt nicht davon essen und sollt sie *nicht berühren, damit ihr nicht sterbt*! (1. Mo 3,2b-3; Hervorhebungen vom Autor)

Es gab kein Gebot, die Früchte dürften nicht berührt werden. Eva fügte dem göttlichen Gebot etwas hinzu. Diesen Fehler begehen wir instinktiv; das ist eine tiefe Prägung der Mentalität eines jeden von uns geworden. Wie oft erweitern wir die Gebote Gottes und empören uns über die sture Einhaltung dieser neuen Gebilde! Nehmen wir das Beispiel „Anständige Kleidung": In ihrer Entstehungszeit haben viele Pfingstgemeinden dem Wort Gottes diesbezüglich so viel Neues hinzugefügt, bis „altbacken" und „hausbacken" dasselbe war wie „heilig" (1. Petr 3,1-6)! Make-up war verboten. Es war genau vorgeschrieben, wie lang die Kleider und die Ärmel sein durften. Nicht einmal ein kleiner, harmloser Ausschnitt war zulässig. Das Haar mußte man so und nicht anders tragen. Weil nicht verstanden wurde, welchen Zweck die Einfachheit und Bescheidenheit verfolgte, fügte man neue Regeln und Vorschriften hinzu, bis Gehorsam etwas Ekelhaftes wurde. Die nächste Generation gab sich in unseren Seelsorgebüros die Klinke in die Hand, und wir mühten uns ab, sie davon abzuhalten, den Leib Christi und manchmal auch den Herrn selbst in Bausch und Bogen abzulehnen!

Schon vor der Zeit Jesu und auch noch heute neigen viele von uns dazu, aus dem Sabbat ein Gefängnis anstatt einen Ruhetag zu machen. Den Worten Gottes über den Sabbat fügen wir dies und das hinzu, wie zum Beispiel: „Du sollst nicht Karten spielen“, „Du sollst nicht ins Kino gehen“, „Du sollst nicht Tanzen gehen“. Und angesichts dessen, was man heute oft unter diesen Dingen versteht, mag das auch ein guter Rat sein; dennoch findet man diese Regeln nicht in Gottes Wort.

Psalm 19 informiert: „Das Gesetz des Herrn ist vollkommen und erquickt die Seele“ (V.8a) und: „Die Vorschriften des Herrn sind richtig und erfreuen das Herz“ (V.9a). Gehorsam gegenüber dem Gesetz Gottes sollte uns stets erfrischen… wären wir nur frei vom Engramm der Erbsünde! Wenn wir fähig werden sollen, das Wort Gottes richtig zu deuten und dann auch *gerne zu gehorchen*, so ist die Lösung recht einfach. Es gilt nicht: „Ich werde mich dazu zwingen, das Gesetz bis ins Letzte zu halten!“, sondern vielmehr: „Herr, wie ich mir in meinem verborgenen Innersten angewöhnt habe, dein Gesetz zu lesen, das töte ab! Bring die Gesinnung, die ich von Adam und Eva geerbt habe, ans Kreuz und erneuere in mir den Sinn Christi, damit ich sehe, wie er gesehen hat und gehorche, wie er gehorcht hat.“

Eva machte einen anderen, noch viel schwerwiegenderen Fehler. Sie sagte, der Baum, dessen Frucht sie nicht essen sollten, sei der Baum, „… der in der *Mitte* des Gartens steht“ (V.3a). Doch in 1. Mose 2,9b wird gesagt, der *Baum des Lebens* stehe „in der *Mitte* des Gartens“. Eva hatte die Worte des Gebotes so durcheinandergebracht, daß sie gar nicht mehr wußte, welcher Baum nun verboten war! Daraus kann man schließen, daß sie sich ihre Nahrung gar nicht dort holte, wo sie sollte, nämlich vom Herrn Jesus Christus! Sie hatte sich überall Nahrung geholt, nur nicht dort.

Weil sie sich ihre Nahrung nicht vom Baum des Lebens geholt hatte und infolgedessen nicht von der Quelle des Lebens – die unser Herr Jesus Christus ist – genährt worden war, war ihr Geist schwach geworden und konnte folglich auch leicht irregeführt werden. Von diesem Fehler haben wir unsere Grundtendenz geerbt, uns überall Nahrung zu holen, nur nicht bei Jesus! Wer hat noch nicht darum gerungen, seine Gedanken in Zaum zu halten, ausgerechnet dann, wenn man sich seine morgendliche Zeit mit Gott nehmen will? Wer hat noch nie mit dem Schlaf gekämpft, während er die Bibel, das spannendste aller Bücher, las? Wer hat sich noch nie dabei ertappt, wie in der Fürbitte die Gedanken auf Wanderschaft gingen? Oder während einer guten Predigt? Oder bei der Vorbereitung der nächsten Sonntagsschulstunde? Woher kommt diese lästige Prägung? Natürlich davon, daß Eva überallhin wanderte, nur nicht zum Baum des Lebens. *Dieser Fehler schuf ein Schema, dem unser Sinn seither folgt.*

Wie können wir davon frei werden? „Herr, kreuzige meine Gewohnheit, überallhin zu wandern, nur nicht zu dir. Lehre mein Herz, wie es sich ganz neu auf dich ausrichten kann. Orientiere meinen Sinn auf den Baum des Lebens, auf meinen Herrn Jesus Christus, damit ich von ihm alles bekomme, was ich brauche." Vielleicht müssen wir dieses Gebet ein dutzendmal sprechen, bis es von unserem Sinn ernstgenommen und befolgt wird.

Götzendienst ist eine noch schlimmere Auswirkung von Evas Fehler. Wenn Gott nicht im Mittelpunkt unseres Lebens steht, dann *muß* etwas anderes diesen leeren Platz ausfüllen. Die Natur verabscheut das Vakuum. Wir *werden* etwas in den Mittelpunkt unseres Lebens stellen, unweigerlich. Deshalb war Eva anfällig für Versuchung. Satan trat auf den Plan, um ihren Hunger nach Wahrheit zu stillen. *Auf diese Weise wurde der Götzendienst zu einer Sünde, die die Menschheit ganz und gar in ihrem Bann hat.*

Hinter jeder Sünde steckt Götzendienst; alles, was wir lieber haben als Gottes Gebot, ist uns wichtiger als Gott selbst. Ein Thema zieht sich wie ein roter Faden durch das Alte Testament: Die Propheten erhoben sich gegen die Götzen, zu denen die Israeliten immer wieder zurückkehrten und zwar so sicher, wie die Nacht auf den Tag folgt.

Wer von uns widerspräche der Behauptung, daß wir die „Glotze" anbeten? Oder unseren Wohlstand? Oder unser „gutsituiertes Leben" (der Götze Mammon trägt heutzutage meistens diese Verkleidung)? *Alles mögliche, nur nicht Jesus, zum Mittelpunkt unseres Lebens zu machen, ist eine mächtige Prägung in jedem von uns.* Die Antwort? „Gott Vater, leg' die Axt der Wahrheit an die abschweifenden und herumirrenden Wege meines Sinnes. Richte mich ganz neu auf meinen Herrn Jesus Christus aus." (Ich würde vorschlagen, daß sich der Leser einen

Augenblick Zeit nimmt, um im jeweiligen Abschnitt jedes einzelne dieser Gebete nachzusprechen.)

Eine dritte Folge dieses Fehlers: Ohne es zu wollen, hat Eva Satan in den Mittelpunkt ihres Lebens gestellt. Da der Baum des Lebens nicht im Zentrum stand, konnte Satan durch den Ungehorsam stattdessen den Baum der Erkenntnis in den Vordergrund rücken und so dieses Vakuum ausfüllen. Da Satan Evas Gefühle und Entscheidungen manipulierte, richtete sich ihre Aufmerksamkeit ausschließlich auf ihn. Aus diesem Fehler leitet sich die Prägung unserer Mentalität ab, daß wir dem Teufel eine zu große Bedeutung beimessen. *Satan ist nicht der Mittelpunkt des Lebens.* Er ist nicht Gottes Pendant. Seine Kraft konnte sich nie auch nur annähernd mit der Kraft Gottes messen.

Das Leben ist eben *nicht* der Kampf zwischen den Mächten des Lichts und den Mächten der Finsternis. Das ist eine Irrlehre, die der Manichäismus verbreitet hat. In Jerusalem gibt es ein Museum, in dem die am Toten Meer gefundenen Schriftrollen aufbewahrt werden. Vor dem Museum steht eine gewaltige weiße Steinplatte, ihr gegenüber etliche schwarze Platten. Der Bildhauer hat versucht, so darzustellen, welche Glaubensvorstellung die Essener zu ihrer Zeit hatten. Sie glaubten, das Leben sei ein Wettkampf zwischen den Mächten des Lichts (die sie selbst repräsentierten) und den Mächten der Finsternis. Doch für Juden wie für Christen ist das eine Irrlehre. *Das Leben ist eine Pilgerreise, in deren Verlauf Gott Vater Kinder erweckt, mit denen er bis in alle Ewigkeit Gemeinschaft haben wird.*

Gewiß, es gibt einen Kampf gegen den Teufel und seine Armeen, doch das ist lediglich ein *Detail* der Geschichte und nicht das Leitthema. Das Leitthema ist die Vervollkommnung der Söhne und Töchter Gottes.

Es war nicht der Teufel, der das Kreuz erforderlich gemacht hat, sondern die Sünde. Dennoch war sie kein Mißgeschick, das Gott gezwungen hat – nur weil Satan Eva versucht hatte –, im Rahmen eines „Notfallplans" das Kreuz zu errichten. Gott Vater wußte von Anbeginn der Schöpfung: Der Preis dafür, daß seine Geschöpfe einen freien Willen haben würden, um echte Söhne und Töchter zu werden, würde das Kreuz Christi sein. Jesus hat das Kreuz *vollbracht* (Lk 9,31; Joh 4,34 und 5,36). Es war nicht so, daß er sich dem Kreuz wohl oder übel *gebeugt* hätte, weil im

Garten Eden „eine Runde“ an Satan gegangen war. Gottes Plan für unsere Umgestaltung beinhaltet, daß Satan *nichts* gewinnt. Weder er noch die Sünde sind die Triebfedern der Geschichte, sondern Gott und nur Gott allein.

Doch Evas Fehler hat in unserem Sinn ein Engramm festgemacht, eine Illusion: Wie leicht ist es doch, die eigene fleischliche Kraft zu verherrlichen und nicht die umgestaltende Kraft Gottes! Als in den sechziger und siebziger Jahren der Heilige Geist auf Gemeinden der großen Konfessionen und Denominationen fiel, und wir bald darauf herausfanden, daß Dämonen real und einige Menschen tatsächlich besessen sind, sahen wir augenblicklich in jedem Menschen und hinter jedem Busch einen Dämon, gleichgültig, ob da wirklich einer war oder nicht! Allzuoft hören wir immer noch von uns selbst das Argument: „Der Teufel hat mich dazu veranlaßt.“ Oder denken wir nur an Anbetungsleiter, die routinemäßig dem Teufel gebieten, damit die Gemeinde anbeten kann, obwohl man mit cin klein wenig Unterscheidungsfähigkeit festgestellt hätte, daß er gar nicht da war!

Oder was, zumindest aus meiner Sicht, noch viel schlimmer ist: Viel zu oft sind Menschen, die im Dienst stehen, zu dem Schluß gekommen, man habe es in einem bestimmten Fall mit Dämonen zu tun; also haben sie den vermeintlichen Dämon in der betreffenden Person angeschrien und so diesen armen verletzten Menschen nur noch mehr verletzt und erschreckt; doch der eigentliche Kern des Problems war kein Dämon, sondern das Fleisch, das man im Gebet durch Buße sanft ans Kreuz hätte bringen sollen. (Paula und ich haben schon an vielen echten Dämonenaustreibungen teilgenommen, ja vielleicht mehr als die meisten noch lebenden Diener Christi. Wir sagen nichts dagegen, daß Menschen manchmal tatsächlich dämonisiert sind und echte Befreiung gelegentlich notwendig ist; wir sind jedoch gegen eine törichte Überbetonung dieses Bereichs.) *Eine fehlgeleitete Überbetonung hat viele Ursachen; doch in erster Linie ist sie darauf zurückzuführen, daß Evas Fehler dieses Schema in unserem Sinn festgelegt hat.*

Den Teufel anzuschreien, er solle uns doch in Ruhe lassen, löst das Problem nicht; vielmehr müssen wir ihn durch das Blut und das Wort unseres Zeugnisses überwinden (Offb 12,11). Das bedeutet schlicht und einfach, daß wir unsere „Unausgewogenheit" ans Kreuz bringen und glauben müssen, daß der Herr die Schlacht für uns schon gewonnen hat – ein für allemal (1. Joh 2,13-14). Wir brauchen nur unseren Blick auf den Herrn Jesus Christus zu richten und seinen Sieg zu feiern. *Wenn wir ohne großes Aufheben umkehren und den Herrn preisen, dann wohnt er im Lobgesang seines Volkes – und der Teufel wird fliehen müssen, ohne die Aufmerksamkeit auf sich zu ziehen.*

Wenn wir dem Bösen mehr Raum und Macht geben, als es eigentlich hat, dann steckt Evas Zusatz – „... und ihr sollt die Frucht nicht berühren ..." – dahinter. Der eigentliche Grund dafür ist Furcht. Furcht benebelt den Sinn und trübt das Erinnerungsvermögen („Wie genau lautete das Gebot?"). Stellt man Satan in den Mittelpunkt, wird die Furcht nur noch größer. Furcht fördert das Mißtrauen gegenüber jenen, die uns schützen, vor allem gegenüber unserem Vater-Gott. Im weiteren werden wir noch sehen, wie Satan dieses Mißtrauen benutzt, um Eva nur noch mehr zu umgarnen. *Doch für den Augenblick halten wir fest: Die Wurzel der Furcht und des Mißtrauens in uns entstand an diesem Punkt der Geschichte.* Vertrauen, Offenheit, Mut, Unternehmungsgeist, ja sogar Naivität – all das sind natürliche Instinkte, die unserem Geist von Anbeginn der Schöpfung zueigen sind. *In jedem von uns hinterließ Evas Sünde tiefe prägende Spuren des Mißtrauens mit allem was darauf folgt: die Tendenz, sich abzuschotten, ein steinernes Herz, Furchtsamkeit, Fluchtbestrebungen und unnatürliche Verschlagenheit und Cleverness.*

Aus diesem Grund sind wir in unserem tiefsten Inneren von unserem Wesen her ambivalent veranlagt: Mal vertrauen wir, mal zweifeln wir, mal machen wir uns verletzbar, mal sperren wir zu, mal haben wir das Herz eines Löwen, mal fliehen wir, obwohl uns kein Feind auf den Fersen ist (Spr 28,1). Kühn gehen wir dorthin, wo nicht einmal Engel ihren Fuß hinsetzen würden und im nächsten Augenblick laufen wir, wie Elia, vor einer Frau davon (1. Kön 19)! Wir leben im kindlichen Glauben, gerade so, wie wir sollten, doch gleich darauf wollen wir wissen, was Sache ist, bevor wir auch nur einen Schritt weitergehen (Hab 2,4). Somit befinden wir uns dauernd im Krieg:

> Denn ich weiß, daß in mir, das ist in meinem Fleisch, nichts Gutes wohnte; denn das Wollen ist bei mir vorhanden, aber das Vollbringen des Guten nicht. Denn das Gute, das ich will, übe ich nicht aus, sondern das Böse, das ich nicht will, *das tue ich. Wenn ich aber das, was ich nicht will, ausübe, so vollbringe nicht mehr ich es, sondern die in mir wohnende Sünde*. Ich finde also das Gesetz, daß (*in*) mir, der ich das Gute tun will, nur das Böse vorhanden ist. Denn ich habe nach dem inneren Menschen Wohlgefallen am Gesetz Gottes. *Aber ich sehe ein anderes Gesetz in meinen Gliedern*, das dem Gesetz meines Sinnes widerstreitet und *mich in Gefangenschaft bringt unter das Gesetz der Sünde, das in meinen Gliedern ist* (Röm 7,18-23; Hervorhebungen vom Autor).

Paulus beschreibt mit seinen eigenen Worten, was wir als „Engramme" bezeichnet haben: tiefliegende Prägungen, die im Innersten eine Ambivalenz bewirken, aufgrund derer wir dann genau das Böse „tun", das wir eigentlich mißbilligen. Doch Gott sagt durch seinen Apostel in Jakobus 1,5-8:

> Wenn aber jemand von euch Weisheit mangelt, so bitte er Gott, der allen willig gibt und nichts vorwirft, und sie wird ihm gegeben werden. Er bitte aber im Glauben, ohne zu zweifeln; denn der Zweifler gleicht einer Meereswoge, die vom Wind bewegt und hin und her getrieben wird. Denn jener Mensch denke nicht, daß er etwas von dem Herrn empfangen werde, *ist er doch ein wankelmütiger Mann, unbeständig in allen seinen Wegen* (Hervorhebung vom Autor).

Beständigkeit und Treue

Wir müssen beständig sein. Beständigkeit und Treue sind absolute Grundvoraussetzungen für jemanden, der ein reifer Christ werden möchte. *Deshalb ist diese Mentalität der Furcht und diese Wurzel des Mißtrauens der Ausgangspunkt für die Zerstörung unseres Glaubens!* Genau dort beginnt im Grunde der Abfall vom Glauben. *Ambivalenz, was die Bibel als „Wankel-*

mut" bezeichnet, ist eine der stärksten und unerschütterlichsten Eigenschaften unseres sündhaften Wesens.

Entweder wir gewinnen den Kampf um die Erneuerung unseres Sinnes auf diesem Schlachtfeld oder wir können ein Leben in lebendigem und siegreichem Glauben abschreiben. Die Antwort könnte einfacher nicht sein: „Herr, treibe mit deiner vollkommenen Liebe meine Furcht aus (vgl. 1. Joh 4,18), denn du hast mir nicht einen Geist der Furchtsamkeit gegeben, sondern „,... der Kraft und der Liebe und der Besonnenheit" (2. Tim 1,7)! Herr, bring' diese Grundtendenz der Verwirrung und der Ambivalenz zum Tod ans Kreuz, denn du bist nicht der Ursprung meiner ambivalenten Einstellung und meiner Verwirrung" (vgl. 1. Kor 14,33).

Womöglich muß man dieses Gebet immer wieder bekräftigen, nicht weil Gott es nicht gehört hätte, sondern weil wir nicht wollen, daß es in uns seine volle Durchschlagskraft entfaltet. „(Sie) waren durch Todesfurcht das ganze Leben hindurch der Knechtschaft unterworfen ..." (Hebr 2,15). Unser Sinn hat Angst davor, die Kontrollhebel loszulassen; deshalb zieht er die Knechtschaft der Freiheit vor! Doch es heißt: „Wessen *Sinn auf dich ausgerichtet wird*, den wirst du in vollkommenem Frieden bewahren" (Jes 26,3; wörtl. a. d. Engl.; Hervorhebung vom Autor). Beachten Sie: Wenn nach Gebet das Thema erledigt ist, *wird* unser Sinn auf Gott *ausgerichtet* (Passiv), d. h. vom Herrn selbst auf Kurs gehalten; darauf folgen Friede und Ruhe.

Evas nächster Fehler wurde von Satan herbeigeführt, und es ist dabei nicht von Bedeutung, ob Adam sie richtig informiert hatte oder nicht. Nachdem Satan erkannt hatte, daß Eva Fehler machte, weil sie sich fürchtete, machte er sich ans Werk, um diese Furcht zu seinem Vorteil auszunutzen. Was er sagte, war so offensichtlich falsch, und wäre Evas Sinn nicht benebelt gewesen, hätte sie unverzüglich antworten müssen: „Das stimmt nicht! Das ist falsch! Du lügst mich an!" Nun, was hatte er gesagt? „Ihr werdet keineswegs des Todes sterben, sondern Gott weiß: an dem Tage, da ihr davon esset, werden eure Augen aufgetan, und ihr werdet sein wie Gott und wissen, was gut und böse ist" (1. Mo 3,4-5; LÜ). Indem Satan sagte: „Ihr werdet keineswegs sterben" vermittelte er Eva unverhohlen, Gott habe Adam angelogen, als er sagte, sie würden zur Strafe sterben.

Hätte Eva stets die Frucht vom Baum des Lebens gegessen, dann hätte sie in ihrem Innersten gewußt, daß unser Herr gerecht, wahrhaftig und gut ist. Augenblicklich hätte sie gespürt, daß da etwas faul ist, auch wenn sie es noch nicht hätte benennen können. Die Worte: „Gott weiß …“ deuten an, daß es natürlich gut wäre, diese Frucht zu essen. Damit will Satan sagen: „Gott will eben nicht euer Bestes so wie ich.“ Hätte sie die Frucht vom Baum des Lebens in sich aufgenommen, dann hätte sie mit jeder Faser ihres Seins gewußt, daß Gott für uns immer nur das Allerbeste will! Ohne weitere Umschweife hätte sie Satans Lügen entlarvt und abgeschmettert: „Ich *kenne* ihn. Er besucht uns jeden Abend. *Tag für Tag ist sein Wesen meine Speise.* Er ist nicht so, wie du ihn darstellst. Du bist ein Lügner. Ich mag dich nicht.“ Doch sie hatte sich ihre Nahrung nicht dort geholt, wo sie sollte; aus diesem Grund war sie für Satans Lügen und Versuchungen empfänglich.

Zu ihrer Verteidigung sollte man noch sagen, daß diese Unterhaltung nicht unter fairen Vorzeichen stattfand, auch wenn sie sich ihre Nahrung in der richtigen Weise bei Jesus – dem Baum des Lebens – geholt hätte. Sie hatte es mit dem Vater der Lüge und dem größten aller Lügner zu tun (Joh 8,44). Diese Unterhaltung konnte nicht sauber und objektiv ablaufen. Jede Frau, die weiß, wie es ist, wenn man von einem Lüstling mit den Augen ausgezogen wird, kennt dieses Gefühl, von Kopf bis Fuß verunreinigt zu sein. Jeder, der schon einmal an einer Dämonenaustreibung teilgenommen hat, kennt dieses Gefühl des Ekels, das in der Anwesenheit Satans aufkommt. Während Eva mit Satan sprach, wurde sie mit Verunreinigung besudelt, die noch tausendmal schlimmer war! Je länger sie sich unterhielten, desto mehr raubte ihr die Gegenwart des Bösen die Willenskraft und den klaren Verstand.

Daran können wir sehen, wie anfällig wir selbst für Verunreinigung und Versuchung sind. Zutiefst bittere Wurzeln und falsche Prägungen sind auf zweierlei Weise auf uns übergegangen. *Erstens*: durch den *Mangel an „Nahrungszufuhr“* (wie bereits besprochen wurde) und die daraus folgende Schwächung des Geistes. *Zweitens*: durch *ererbte verunreinigende Muster* in Form von *bitteren Wurzeln* (weil man das Wesen Satans in sich aufgenommen hat) und in Form von *verzerrten gedanklichen Prägungen* (d. h. Denkweisen über Gott und seinen Charakter).

Aufgrund der Verblendung Evas ist es uns sozusagen vorgegeben, mißtrauisch zu sein, ob Gott wirklich so gut ist, wie die Bibel ihn darstellt. Aufgrund der „Hypothek", die wir von Eva geerbt haben und wegen unserer eigenen falschen Entscheidungen, lassen wir uns auf der tiefsten innerlichen Ebene von seiner Gegenwart nicht so intensiv und so oft erfüllen, daß seine Güte in jeder Zelle unseres Seins widerhallen könnte. Wenn wir das täten, wären wir im Großen und Ganzen immun gegen Versuchung und Verblendung. Wir kennen ihn noch nicht so, wie wir sollten. Zu einem nicht unwesentlichen Teil liegt der Grund dafür in diesen ererbten, verborgenen Gewohnheiten (Faulheit, was die Zeit mit Gott betrifft) und in den Gedanken des Mißtrauens, die unterhalb der bewußten Gedankenwelt angesiedelt sind. *Wir werden unsere Freiheit nicht wiedererlangen, indem wir es uns lediglich fest vornehmen, unser Gebetsleben in Gang zu halten oder indem wir uns zusammennehmen, um unsere Gedanken vor ihm rein zu erhalten. Wiederum ist Bekenntnis eine angemessene Reaktion:* „Vater, ich lebe nicht mit dir so, wie ich sollte. Deshalb vertraue ich dir auch nicht so, wie ich sollte. Bring' mein faules und flatterhaftes geistliches Wesen zum Tod am Kreuz. Schenk' mir ein neues Herz, das dir hingegeben ist und einen neuen Sinn, der dir voll und ganz vertraut."

Paulus warnt uns:

> Laßt euch nicht irreführen! „Schlechter Umgang verderbt gute Sitten." Werdet *nüchtern*, wie es sich gehört, und sündigt nicht; denn manchen fehlt die richtige Gotteserkenntnis: zur Beschämung muß ich euch das sagen! (1. Kor 15,33-34; Menge; Hervorhebung vom Autor)

Schlechte Gesellschaft

Weil Eva im Garten Eden in schlechter Gesellschaft war, steckt in uns allen die Wurzel, uns tendenzmäßig mit solchen Menschen abzugeben, die keinen guten Einfluß auf uns haben! Eltern sind oft traurig und verdutzt, wenn sie mitansehen müssen, wie sich ihr Kind, das eigentlich völlig normal ist und auch ein gesundes

Gefühlsleben hat, mit Halbstarken und anderen unliebsamen Gestalten herumtreibt. Doch wir Eltern tun im Grunde dasselbe. Wir wissen, daß es Leute gibt, mit denen wir nicht zusammensein sollten, doch manchmal fühlen wir uns auf seltsame Art und Weise zu denjenigen hingezogen, die einen schlechten Einfluß auf uns haben.

Aufgrund dessen, daß wir in den uns eingeprägten Bahnen denken, versuchen wir, unser Verhalten zu entschuldigen oder fassen den halbherzigen Entschluß, einige unserer Kontakte nicht weiter zu pflegen. Doch das entspricht nicht dem, wie wir dann letztendlich handeln; womöglich hat sich auch Eva bestimmte Dinge vorgenommen, während sie mit Satan sprach, setzte dies jedoch nicht in die Tat um.

Freiheit erlangt man nicht einfach dadurch, daß man den festen Entschluß faßt, sich bessere Freunde zu suchen, auch wenn das hilfreich sein mag. Wir müssen das in uns kreuzigen, was eine Freundschaft mit Menschen sucht, die zwar unser Ansehen heben, doch, was Würde und Weisheit anbetrifft, schwächer sind als wir; überdies müssen wir um Demut bitten, damit wir uns Freunde suchen können, deren Gesellschaft uns zum Positiven anspornt.

Satan versuchte seinerseits, Evas Wurzeln von der richtigen Nahrung des Herrn abzukoppeln und an sich selbst anzukoppeln. Man muß eins verstehen: Je länger die Unterhaltung dauerte und je schlimmer die Verunreinigung wurde, desto weniger war sie in der Lage, ihre eigenen Gedanken zu denken. So funktioniert die Verunreinigung nun mal.

Mit Recht und womöglich voller Stolz beglückwünschen wir uns selbst, daß wir dem moralischen Verfall widerstehen und eigene klare Gedanken fassen können; doch vielleicht schon im nächsten Augenblick werden wir förmlich „weggespült", ohne es zu merken. Ich mußte Federn lassen, als ich erkannte, wie schnell so etwas gehen kann: Auf dem Drury College in Springfield (Bundesstaat Missouri) gerieten mein Bruder Hal und ich mitten in den einzigen „Sturm aufs Mädchenhaus", der in Drury je stattgefunden hat! Ein „Sturm aufs Mädchenhaus" sah so aus, daß die männlichen Studenten aus Jux und Tollerei in einer Art Invasion die Schlafsäle der jungen Frauen überfielen; manchmal artete das jedoch auch in schieren Vandalismus aus.

Nachdem man mich mitten in der Nacht wegen dieses „Angriffs“ aufgeweckt hatte und ich sah, was sich da abspielte, beschloß ich, nur *teilweise* mitzumachen, in der Hoffnung, ich könnte mithelfen, daß alles halbwegs zivilisiert abläuft. Am Anfang hielt ich mich auch daran. Etliche andere und ich verschafften sich Zutritt zum McCullough Cottage Haus durch ein rückwärtiges Fenster im Obergeschoß; ich schaute nur zu, wie die anderen jungen Männer Betten umwarfen, Höschen und BHs als „Trophäen“ von der Wäscheleine klauten, die jungen Frauen neckten und auch sonst überall Chaos hinterließen. Ich erinnere mich noch daran, wie ich mit der kühlen Distanziertheit eines Mr. Spock aus „Raumschiff Enterprise“ sah, daß meine Freunde, anstatt die Vordertüre zu öffnen und hinauszugehen, zu einem Fenster an der Vorderseite liefen, sich nicht mal die Mühe machten, die Jalousien hochzuziehen, sondern vielmehr *durch sie hindurch* auf die Veranda hinausstiegen! Ich blieb kurz stehen, zog die Jalousie hoch, klopfte noch kurz bei Frau Giles, der Heimleiterin, und entschuldigte mich für das, was wir angerichtet hatten, wünschte allseits eine gute Nacht und ging auf die Veranda hinaus. So weit, so gut – ich hatte mich immer noch im Griff.

Doch dann schwang der Mob das Zepter. Ich fand mich inmitten einer Gruppe von Studenten wieder, marschierte mit ihnen zum nächsten Schlafsaal weiter, grölte mit ihnen ihre obszönen Parolen und warf schließlich mit dämonischem Gelächter Kieselsteine auf das Dach des Rektors. Später, als ich wieder bei Verstand war, tat ich Buße und bat, so wie ein Dutzend andere auch, den Herrn um Vergebung! Heute kann ich Gott für diese Erfahrung nur danken; durch sie kann ich in gewissem Maße nachvollziehen, was mit Eva geschah und weshalb sich Menschen in unserer heutigen Zeit oft von einem rachsüchtigen Mob aufhetzen lassen und Dinge tun, die sie normalerweise nie mit ihrem Gewissen vereinbaren könnten. Wir stehen gewöhnlich mit beiden Beinen fest in unserer eigenen Gedankenwelt, doch schon im nächsten Augenblick werden wir von einer verunreinigenden Attacke des Mobs zu Boden gerissen und vom Sturm satanischer Gefühle und Gedanken hinweggefegt (vgl. Eph 4,14).

Der Kampf um die Vorherrschaft über den Sinn des Menschen

Um uns herum tobt ein Krieg: der Kampf um die Vorherrschaft über den Sinn des Menschen, besonders in unserer heutigen Zeit. Propagandaexperten haben es gelernt, die Medien zu manipulieren; wahre Menschenmassen werden einer Gehirnwäsche unterzogen, bis sie alles tun, was Demagogen von ihnen wollen. Khomeinis religiöse Fanatiker schickten Kinder in den Krieg; willenlos gingen sie über Minenfelder, in dem Glauben, sie würden als Märtyrer in dem von ihren Führern angezettelten „Dschihad“ (Heiliger Krieg) ins Paradies kommen.

In den Rassenunruhen der sechziger Jahre richteten abertausende von Menschen verheerende Verwüstungen in Detroit und anderen Städten an, die danach einem Schlachtfeld glichen. Ist es heute nicht oft so, daß von uns Christen jeder der erste sein will, wenn es darum geht, der aktuellsten Wahnidee zu folgen, die von den Massenmedien mit Getöse angepriesen wird? Denken wir zum Beispiel daran, welchen törichten emotionalen Überschwang wir durchlebten, als die Lehre über den Wohlstand unter Christen eine Zeitlang das Gleichgewicht verlor.

Doch was noch schlimmer ist: Satan agiert durch Gewalten und Weltbeherrscher dieser Finsternis (Eph 6,12), um unser Denken gefangenzunehmen und zu lenken und dem Leib Christi dadurch den Zugang zu der Freiheit und Weisheit zu verschließen, mit der er das Haupt der Schlange zertreten würde, wie es in 1. Mose 3,15 vorausgesagt ist.

Heutzutage erkennen nur wenige Christen, wie selten ihre Gedanken wirklich ihrem eigenen christlichen Gedankengut entspringen und wie oft sie, ohne es zu wissen, der Welt gleichgemacht werden und dabei doch glauben, sie dienten einzig und allein dem Herrn. Wie notwendig es doch ist, Disziplin zu üben, sich fest dazu zu entschließen, die fleischlichen Gefühle und Gedanken unseres Sinnes jeden Tag neu zu töten und sich nicht länger „… durch die Betrügerei der Menschen (und)… listig ersonnenen Irrtum …“ hin- und herwerfen zu lassen (Eph 4,14)! *Daß wir dazu neigen, uns übertölpeln und gefangennehmen zu lassen, damit wir den Willen eines anderen tun, hat seinen Ursprung in Evas Kapitulation vor der Verunreinigung Satans.* Wer glaubt, er sei zu gescheit oder weise, um zu straucheln, schwebt in großer Gefahr. Tag für Tag müssen wir unsere Gedanken unter den Gehorsam Christi gefangennehmen (2. Kor 10,5).

Massenverunreinigung

Ich gehe absichtlich auf diesen Punkt ein, weil ich aus einer prophetischen Sicht heraus weiß, daß *der Kampf um die Vorherrschaft über den Sinn des Menschen mit Hilfe der Massenverunreinigung noch weiter zunehmen und zum wichtigsten Schlachtfeld unserer Zeit werden wird.* Sicherlich können wir diesbezüglich das Wort aus Offenbarung 12,15 als „rhema" betrachten: „Da spie die Schlange aus ihrem Rachen Wasser hinter dem Weibe her wie einen Strom, um sie durch die Flut wegzuschwemmen."

Durch die immer gewaltigeren Möglichkeiten der Beeinflussung von Menschen durch Massenmedien hat der Teufel in unserer Zeit zum erstenmal wirklich die Gelegenheit, den Leib Christi in einer wahren Flut aus seinem Rachen wegzuschwemmen: Pornographie, Propaganda, Irrlehren in Büchern, Filmen, Videos, Magazinen, Zeitungen etc. Nur ein Beispiel: Heute denken sich unzählige christliche Paare überhaupt nichts mehr dabei, ohne Trauschein zusammenzuleben; noch vor einer Generation wäre das absolut undenkbar gewesen! Ihre festen Überzeugungen sind mit der Flut weggeschwemmt worden. *Es kommt der Tag, an dem nur noch jene frei und fest in Jesus stehen werden, die den Preis zahlen, das heißt, ständig wachsam sind und Tag für Tag am Kreuz sterben.*

In der Liebe verwurzelt

Ein „Mittel" gegen diese Verblendung muß man besonders hervorheben: Hätte Eva sich ihre Nahrung vom Baum des Lebens geholt, wäre sie *in der Liebe verwurzelt* und in der Lage gewesen zu erkennen, „... was die Breite und Länge und Höhe und Tiefe ist und... die die Erkenntnis übersteigende Liebe des Christus ..." (Eph 3,18-19). Ihr Geist hätte sich mit Macht erhoben und die Verunreinigung Satans abgeschüttelt.

Wie wahr sind die Worte des Herrn: „Bleibt in mir, so bleibe ich in euch. Wie die Rebe nicht von sich selbst aus Frucht bringen kann, wenn sie nicht am Weinstock bleibt, so könnt auch ihr es nicht, wenn ihr nicht in mir bleibt“ (Joh 15,4; Menge). Liebe treibt nicht nur Furcht aus, sie befähigt uns auch, Verunreinigung und Verblendung abzuschütteln.

Ich habe schon viele Menschen kennengelernt, die gottesfürchtig vor Gott lebten und weder besonders gebildet noch übermäßig intelligent, aber die weisesten und beständigsten Christen waren, die mir je begegnet sind – und sie waren weniger anfällig für Verblendung und Versuchung als viele hervorragende Bibellehrer und Theologen. Sie waren ohne Mätzchen dem Herrn hingegeben und dienten ihm. Doch vor allem waren sie liebevolle Menschen.

> Und die Frau sah, daß der Baum gut zur Speise und daß er eine Lust für die Augen und daß der Baum begehrenswert war, Einsicht zu geben; und sie nahm von seiner Frucht und aß, und sie gab auch ihrem Mann bei ihr, und er aß (1. Mo 3,6).

Mit welchen Augen sah Eva nun? Natürlich mit den Augen Satans. Die Verunreinigung hatte ihr Werk in ihr vollbracht. Heute würden wir wohl sagen, sie sei dämonisiert worden – sie konnte nicht mehr ihre eigenen Gedanken denken. Vermutlich war der Baum tatsächlich eine Augenweide. Wenn schon nicht einmal mehr die Sünde gut aussehen würde …

Vielleicht hatte Gott sich vorgenommen, ihnen später, wenn sie reif genug gewesen wären, zu gestatten, die Frucht dieses Baumes zu essen. Wir erzählen unseren Kindern, wenn sie noch klein sind, ja auch noch nicht alles, was wir über Sex wissen. Das heißt nun nicht, daß man über Sex nicht sprechen dürfe; unsere Kinder sind einfach noch zu jung und zu unreif, um mit diesem Wissen richtig umgehen zu können. So bin ich mir sicher, daß uns unser liebender himmlischer Vater zu seiner Zeit und auf seine Art und Weise auch die volle Erkenntnis über Gut und Böse gegeben hätte.

Wenn diese Vermutung stimmt, dann forderte Satan Adam und Eva heraus, sich das mit Gewalt und auf sündhafte Weise zu nehmen, was Gott ihnen in seiner Gnade zur rechten Zeit ohnehin gegeben hätte. Auf jeden Fall *üben seit dieser Zeit Wurzeln, die uns eine Tendenz aufzwingen, und Prägungen einen gewaltigen Druck auf uns aus, so daß wir uns immer und immer wieder das mit Gewalt und auf sündhafte Weise nehmen, was Gott uns in seiner Gnade zur rechten Zeit ohnehin gegeben hätte.*

Ein Mann, der seine Verlobte vor der Hochzeit sexuell verführt, nimmt sich das mit Gewalt und auf sündhafte Weise, was Gott ihm in Heiligkeit zur rechten Zeit und in der rechten Weise ohnehin gegeben hätte. Ein Dieb nimmt sich mit Gewalt und auf sündhafte Weise das, was Gott ihm auf einem gerechten Weg auch hätte geben können. Ein Lügner versucht durch seine Lügen das zu bekommen, was Gott für ihn auf göttlichem Weg bewerkstelligt hätte.

Hinter jeder Sünde steckt Mißtrauen: Wird uns Gott das, was am besten für uns ist, zu seiner Zeit und auf seine Art und Weise geben? Diese falsche Gewohnheit, sich das zu holen, was wir wollen, anstatt darauf zu warten, daß Gott in seiner Güte uns das Beste gibt, ist eine Prägung des Mißtrauens, die wir von Adam und Eva geerbt haben. Im Gebet um Geduld zu bitten, kann uns helfen; doch den Durchbruch erreichen wir erst, wenn wir darüberhinaus beten: „Herr, töte mein falsches Verlangen und mein Mißtrauen. Laß mich auch in diesen Bereichen wiedergeboren werden, zugerüstet und bevollmächtigt durch dein Herz, das auf unseren himmlischen Vater vertraut."

> Da wurden ihrer beider Augen aufgetan, und sie erkannten, daß sie nackt waren; und sie hefteten Feigenblätter zusammen und machten sich Schurze (1. Mo 3,7).

Wenn wir davon ausgehen, daß es eine gute Sache ist, wenn einem die Augen aufgetan werden und wenn wir uns daran erinnern, daß Gott ihnen geboten hatte, nicht von jenem Baum zu essen, und wir jetzt aber erkennen müssen, daß ihr Ungehorsam etwas Gutes bewirkt hat, dann haben wir ein Problem! In Matthäus 7,17-18 heißt es: „So bringt jeder gute Baum gute Früchte, aber der faule Baum bringt schlechte Früchte." Gott hat nie gesagt, der Baum der Erkenntnis von Gut und Böse sei schlecht, sondern lediglich, daß Adam und Eva seine Frucht nicht essen sollten. Doch das Dilemma bleibt bestehen: *Hat nun eine sündhafte Tat etwas Gutes bewirkt? Die Verwirrung, die in diesem Punkt entstanden ist, hat zu der irrigen Vorstellung geführt, es würde etwas Gutes dabei herauskommen, wenn wir sündigen!* Manche nehmen Drogen, weil sie glauben, sie würden dadurch Frieden erfahren oder ihre Sinne sensibilisieren! Mann und Frau entschuldigen ihr außereheliches Verhältnis mit der Begründung: „Erst jetzt habe ich richtig angefangen zu leben!" – In Wirklichkeit werden sie zwar *emotional* erregt und stimuliert, doch ihre *Seele* stirbt dabei – „Das ist herrlich! So etwas Schönes kann doch unmöglich schlecht sein!" *Diese sündhafte und törichte Mentalität hat schon Unzählige ins Elend gestürzt.*

Wir wollen ein für allemal klarstellen: „Irrt euch nicht, Gott läßt sich nicht verspotten! Denn was ein Mensch sät, das wird er auch ernten. Denn wer auf sein Fleisch sät, wird vom Fleisch Verderben ernten; wer aber auf den Geist sät, wird vom Geist ewiges Leben ernten" (Gal 6,7-8). *Sünde bewirkt nie etwas Gutes!* Durch die Gnade unseres Herrn kann es nach begangener Sünde besser werden als zuvor, doch das liegt daran, daß er den Preis bezahlt und das Leiden auf sich genommen hat und ist nicht die Folge unserer Sünde.

Wir möchten Klarheit in diese Angelegenheit bringen: Adam und Eva sahen Gut und Böse nun genauso verzerrt wie Satan und nicht so rein und weise wie Gott es sieht! *Ihre Sünde hat nichts Gutes bewirkt.* Bis nach Jahrtausenden schließlich die Erlösung kam, wurde ihre Erkenntnis, und die aller Menschen nach ihnen, immer wieder durch Satans Wahnvorstellungen von Gut und Böse verdorben! *Dieser eine Akt des Ungehorsams ist der Ursprung unserer verwirrten, tief in uns verankerten Einschätzung von gutem und bösem Handeln.* Wir dürfen nie wieder meinen, Sünde würde je etwas Gutes bewirken! *In diesem Sinne wurden ihre Augen verschlossen, nicht geöffnet – verschlossen für Gottes reine Sichtweise und offen für Satans wahnsinnige Deutung der Wirklichkeit.* Bis uns der Vater den Sinn Christi schenkt, gilt dasselbe auch für uns.

„... und sie gab auch ihrem Mann bei ihr, und er aß. *Da* wurden ihrer *beider Augen aufgetan* ..." Eine dramatische Zuspitzung: Erst als Adam auch aß, geschah etwas! Weil Adam als erster geschaffen wurde und Evas Ehemann war, war er das Haupt. Erst als er in seinem Ungehorsam ihrer Sünde zustimmte, passierte etwas. Eva wurde verblendet, Adam nicht. Eva, Gottes

Geschenk an ihn, war ihm so wichtig geworden, daß er ihr den Vorzug vor Gott gab! *Aus dieser Sünde leitet sich die Prägung in uns ab, daß wir die Frau Gott vorziehen.*

Jedesmal, wenn ein Mann in unangemessener Weise auf seine Frau anstatt auf Gott hört, hat er erneut Adams Sünde begangen. Jeder, der mit einer Frau eine sexuelle Sünde begeht, hat erneut vor diesem Muster kapituliert, daß die Frau wichtiger ist als Gott – eine Prägung, die auf Adam, auf diese erste Sünde der Menschheit zurückgeht. Diese Prägung ist der erste Auslöser für alle sexuellen Sünden bei Männern. In jedem von uns steckt die Tendenz, der Verführung nachzugeben. Keiner ist dagegen gefeit. Wir können uns nicht gegen diese Überbewertung der Frau oder gegen sexuelle Sünden immunisieren, indem wir uns entmannen oder ins Kloster gehen oder zähneknirschend ein tugendsames Leben fuhren, auch wenn letzteres wohl hilfreich ist. Vielmehr müssen wir beten: *„Herr, töte diese Prägung, dieses Schema in mir. Schenke mir Freiheit in dir, daß ich im Bezug auf Frauen so fühlen, denken und handeln kann, wie nur du es in mir bewirken kannst."*

„... Und sie erkannten, daß sie nackt waren." Gleichgültig, wie lange Adam und Eva vor dem Sündenfall im Garten Eden gelebt hatten – die ganze Zeit über hatten sie gewußt, daß sie nackt waren. 1. Mose 2,25 weist eigens darauf hin: „Und sie waren beide nackt, der Mensch und seine Frau, und sie schämten sich nicht." Doch jetzt sahen sie ihre Nacktheit, wie Satan sie sieht – vor dem Hintergrund der Wollust und schmutziger Gedanken! Jetzt schämten sie sich. Diese Veränderung hatte sofort sichtbare Auswirkungen: Sie bedeckten ihre Blöße mit Feigenblättern.

Von dieser Prägung stammt unser Hang zu Pornographie, zu Literatur, die „nur für Erwachsene" (in Wirklichkeit jedoch ziemlich kindisch) ist, zu Sex- und Pornofilmen etc. Pornographie kann ihre Opfer vor allem deswegen so fesseln, weil die Prägung im Hintergrund steht, daß Adam Eva sofort in der falschen Art und Weise sah, als die Sünde in das Herz der beiden eingedrungen war. „Denn alles, was in der Welt ist, die Lust des Fleisches und *die Lust der Augen* und der Hochmut des Lebens, ist nicht vom Vater, sondern *ist von der Welt*" (1. Joh 2,16; Hervorhebungen vom Autor). Johannes hätte genausogut sagen können: „... stammt von diesem „Bodensatz", der sich infolge der Sünde von Adam und Eva in unserem Wesen abgelagert hat."

Wir hatten schon viele Ratsuchende, die fest entschlossen waren, frei zu werden, und sich dennoch jahrelang auf bemitleidenswerte Weise abmühten; nie gelang es ihnen, Freiheit von Lust in jedweder Form zu erlangen. Doch sie fanden eine herrliche Befreiung, als sie aufhörten, aus ihrem Fleisch heraus dagegen anzukämpfen und stattdessen beteten: „Herr, du hast diese Schlacht für mich schon gewonnen. Ich nehme diesen Sieg für mich in Anspruch und komme zur Ruhe, weil du mich sicher führen und vor Schaden bewahren kannst." Ja, sie mußten einige Willensanstrengung aufbringen, doch jetzt war es ihrem Willen vorgegeben, *in Jesus* fest zu stehen und nicht länger den vergeblichen Kampf des Fleisches zu kämpfen. Sie mußten lernen, wie man dem Fleisch keine Macht durch die Kraft des Gesetzes gibt (Röm 7,8) und wie man Jesus glaubt und vertraut – aber sie wurden frei.

7

Wurzeln und Prägungen, die von Adams und Evas sündhaften Reaktionen auf Gott im Garten Eden herrühren

> Und sie hörten die Stimme Gottes, des Herrn, der im Garten wandelte bei der Kühle des Tages. Da versteckten sich der Mensch und seine Frau vor dem Angesicht Gottes, des Herrn, mitten zwischen den Bäumen des Gartens. Und Gott, der Herr, rief den Menschen und sprach zu ihm: *Wo bist du?* (1. Mo 3,8-9; Hervorhebung vom Autor)

Sollte der allwissende Herr des Universums wirklich nicht gewußt haben, wo Adam war? Wenn ein Psychiater das Zimmer eines geisteskranken Patienten betritt, fragt er vielleicht: „Wo bist du heute?“ und/oder „Wer bist du heute?“ Wenn der Betreffende darauf reagieren kann – „Ich bin Sam Smith und ich bin in einer... Psychiatrie“ – und das tatsächlich seiner Identität und seinem Aufenthaltsort entspricht, dann hat seine Reaktion seinen Kontakt zur Realität verstärkt und liefert dem Psychiater überdies Informationen über den Gesundheitszustand des Patienten. Natürlich wußte unser liebender himmlischer Vater, wo Adam und Eva waren; er wollte ihnen eine Chance geben, damit sie sich zeigen und bekennen könnten, was sie getan hatten. Hätten sie das getan, wäre ab diesem Zeitpunkt die Geschichte der Menschheit völlig anders verlaufen! Doch Gott wußte schon von vornherein, daß sie das nicht tun würden. Dennoch gab er ihnen jede nur mögliche Gelegenheit.

Die Zeit vergeht; Stille; der liebende Gott wartet auf Adam; er will, daß er herauskommt; er wußte ja schon die ganze Zeit über, wo jener war und was er getan hatte.

Doch Adam hatte Angst.

Meiner Meinung nach kam Gott hier nicht das erste Mal in der Kühle des Tages zu ihnen. Der Kontext scheint darauf hinzuweisen, daß er sich regelmäßig im Garten entspannte und Adam und Eva besuchte. Bis zu diesem Zeitpunkt sind Adam und Eva höchstwahrscheinlich jedesmal auf ihn zugelaufen, wie Kinder, die sich freuen, wenn Papa von der Arbeit heimkommt. Immer wenn sie hörten, wie er kam, muß ihr Herz vor Freude fast zersprungen sein! Bis dahin hatte nichts ihre Erkenntnis von seiner Liebe und Güte getrübt. Sie kannten ihn, oder, wie eine alte lettische Hymne sagt, sie konnten „… mit ihm gehen, reden, scherzen, geradeso wie's gute Freunde tun und sollten …".

Doch jetzt waren ihre Wurzeln durch die Sünde aus dem sanften Nährboden Gottes herausgerissen worden; die von Satan ausgelösten Zweifel und die daraus resultierende Schuld hatten ihre Sicht von Gott pervertiert. Gottes Anwesenheit flößte ihnen jetzt Furcht ein; sein Kommen hatte nichts Tröstliches mehr.

In der ersten Zeit meines Lebens mit Christus begriff ich ein klein wenig, was Adam und Eva gefühlt haben müssen. Schon bald nach meiner Bekehrung erhörte Gott mein Gebet und führte mich mitten in die Herrlichkeit seiner Gegenwart vor seinen Thron im Himmel. Doch ich war noch zu jung im Glauben, um voll und ganz darauf zu vertrauen, daß Jesu Blut all meine Sünde weggenommen hatte. Seine unaussprechliche, heilige, goldene Herrlichkeit flößte mir Ehrfurcht ein; sie durchbohrte mich förmlich und offenbarte dabei meine Sündhaftigkeit und Schande. **Ich hatte fürchterliche Angst!** Ich erfuhr nie, was Gott mir hätte offenbaren oder sagen wollen. Mit aller Macht wollte ich vor dieser heiligen Gegenwart des Herrn fliehen, bis ich mich schließlich in meinem Büro am Schreibtisch wiederfand.

Aber ich hatte 2000 Jahre Christentum hinter mir, dazu ein ganz frisches Bekehrungserlebnis. Damit Sie eine Ahnung davon bekommen, in welcher Situation sich Adam und Eva befanden, stellen Sie sich folgendes vor: Streichen Sie aus Ihren Gedanken all die Jahrhunderte, in denen Gottes Vergebung durch den Kreuzestod Christi manifestiert war; dazu kommt ein ganz aktuelles Erlebnis der verunreinigenden Gegenwart Satans; dieses Bild wird vervollständigt durch das Entsetzen über Schuld, lange bevor das Wort „Vergebung" überhaupt bekannt war – vielleicht begreifen wir dann zumindest ansatzweise, weshalb Adam und Eva vor der personifizierten Vergebung und Heilung flohen! (Die Schrift gibt darüber auch keinen Aufschluß, ob Gott ihnen gesagt hatte, was sie tun sollten, falls sie in irgendeiner Hinsicht, und sei es auch nur unabsichtlich, sündigten.)

Furcht vor der Gegenwart Gottes

Von ihrer Flucht vor Gott stammt eine der nachhaltigsten Prägungen unseres Denkens! Wir sagen zwar, wir wollten, daß Gott uns in unserer gemeinsamen Anbetung und unserer „Stillen Zeit“ begegne, *doch in Wahrheit wollen wir nicht, daß er uns näher kommt, als wir es noch kontrollieren und uns dabei noch behaglich fühlen können.* Wir *fürchten* uns vor seiner ehrfurchtgebietenden Gegenwart.

Würde Gott uns offenbaren, wie oft er sich uns nähern wollte, wir ihm jedoch zuvorkamen und das Gebet schnell wieder beendeten, würden wir vermutlich schockiert sein und nur ungläubig den Kopf schütteln!

In einer Zeit, in der Paula und ich von Gemeinde zu Gemeinde reisten, konnten wir in den vielen Anbetungsgottesdiensten, die wir besuchten, oft spüren, wie Gott drauf und dran war, sich seinem Volk zu nähern – und wir mußten miterleben, wie oft ganze Versammlungen oder die Leiter das Thema wechselten und flohen, bevor Gott mit seiner Fülle in ihrer Mitte einziehen konnte! Wem wäre noch nicht aufgefallen, daß in der Bibel fast alle Engel, die einem Diener Gottes erschienen, als erstes sagten: „Fürchte dich nicht!“? Und das mit gutem Grund: Wir haben Angst vor allem, was heilig ist!

Doch wir fürchten uns nicht nur vor der Gegenwart Gottes; wir fürchten uns davor, unser Schneckenhaus zu verlassen und unsere Sünden zu bekennen. Wohl jeder Seelsorger hat schon einmal erlebt, wie ein Ratsuchender anrief und einen Termin absagte und später dann zugab, er habe in seinem Herzen gewußt, daß Dinge an die Oberfläche kämen, die an jenem Tag hätten bekannt werden müssen. Menschen, die sich etwas „Schrecklichem“ Schritt für Schritt nähern und sich ihm stellen sollten, haben schon oft fluchtartig das Büro des Seelsorgers verlassen oder sind schon gleich gar nicht erschienen. Seien wir ehrlich: Wir kennen diese Fluchtbestrebungen; wir bekamen sie von Adam und Eva, noch bevor wir geboren wurden.

Fluchtbestrebungen und Alibis

Für all unsere Fluchtbestrebungen verfügen wir über die passende, automatisch ablaufende Entschuldigungslitanei. Ist Ihnen schon einmal aufgefallen, wie einfach es ist, einen Grund dafür zu finden, eine Sache nicht zu bekennen? Noch bevor wir darüber nachdenken können, platzt ein „perfektes" Alibi förmlich aus uns heraus. Wir brauchen uns nicht eigens darum zu bemühen – das Alibi liegt uns bereits vorformuliert auf der Zunge! *Unbewußte Prägungen veranlassen uns, Reißaus zu nehmen und Alibis zu erfinden; sie liefern unserer Zunge Worte aus Datenbanken, die so alt sind wie Adam, der vor Gott steht und sagt:*

> Ich hörte deine Stimme im Garten, und ich fürchtete mich, *weil ich nackt bin*, und ich versteckte mich (1. Mo 3,10; Hervorhebung vom Autor).

Hat sich Adam deshalb gefürchtet? Natürlich nicht. Er hatte Angst, weil er gesündigt hatte, und Satan hatte ihm die Fähigkeit genommen, auf den liebevollen Charakter Gottes zu vertrauen. Also begründete er sein törichtes Handeln mit dem falschen Motiv. Dieser Trugschluß ist der Ursprung des *tief verankerten Verhaltensmusters, das uns allen zueigen ist, nämlich törichte Taten mit verlogenen Begründungen zu erklären.* Daraus möchte ich eine Faustregel ableiten, die alle Seelsorger befolgen sollten: *Lassen Sie es niemals zu, daß jemand törichtes oder sündhaftes Verhalten mit ehrenvollen Motiven begründet.* Gutes bringt Gutes hervor. Böses bringt Böses hervor. Oder, was unseren Punkt besser trifft, Gutes kann unmöglich Böses hervorbringen und *Böses kann unmöglich Gutes hervorbringen.*

Ein Beispiel: Eine Frau besteht darauf, daß ihr Mann mit uns spricht. Der Grund: „Er bestraft die Kinder zu hart. Wenn er sie züchtigt, grenzt das manchmal schon an Mißhandlung!"

Er erwidert: „Ich habe als Kind große Schwierigkeiten gehabt und weiß, was so alles mit einem geschehen kann. Ich denke, ich liebe meine Kinder einfach zu sehr. Ich bin fest entschlossen, sie von allen Schwierigkeiten fernzuhalten."

Hätten sich in seinem Handeln Entschlossenheit und Liebe verbunden, hätte er Erbarmen mit seinen Kindern gehabt und sie unterwiesen und nicht mit ihnen Raubbau getrieben. Als wir in die Tiefe gingen, stellte sich bald heraus, daß er als Kind von seinem Vater mißhandelt worden war. Unfähig zu vergeben, tat er nun seinen eigenen Kindern dasselbe an (Röm 2,1). *Die Mißhandlung ließ sich auf das erlebte Übel zurückführen; Barmherzigkeit kann sich gar nicht so verhalten.*

Eine Frau brachte ihren Mann zu uns (Fred aus dem ersten Kapitel), weil auf der Party am Abend zuvor ein anderer Mann ihr gegenüber anzüglich geworden war und Annäherungsversuche unternommen hatte; Fred hatte sie daraufhin jedoch nicht weise in Schutz genommen, sondern war stattdessen gewalttätig geworden. „Nun, ich liebe sie wohl so sehr, daß mir einfach der Gaul durchging, als sich dieser Kerl so an sie 'ranmachte." Liebe, die gut ist, kann nie und nimmer etwas Böses hervorbringen. Der Heilige Geist brachte bald ans Licht, daß Freds Mutter seinem Vater untreu gewesen war. Er hatte es noch nie aufgearbeitet, daß er auf den Mann, der seine Mutter verführt hatte, zornig und über sie selbst enttäuscht war, sie verurteilte und dies nun auf seine Frau projizierte.

Doch mit Abstand am häufigsten kommt folgendes Beispiel vor: „Ich konnte einfach nicht anders, als ich mit ihr/ihm ins Bett ging (in Unzucht oder Ehebruch); ich bin einfach bis über beide Ohren verliebt." Falsch! Die bloße Wollust hat die Moral und das Gewissen überwältigt! Wahre christliche Liebe hätte den anderen mit den Augen Gottes gesehen und ihn respektiert.

Böse Motive – böse Taten

Jeder Seelsorger, der versteht, daß hinter bösen Taten immer böse Motive stecken, verfügt damit über einen überaus wirksamen Lügendetektor. „Denn das Wort Gottes ist lebendig und wirksam und schärfer als jedes zweischneidige Schwert und durchdringend bis zur Scheidung von Seele und Geist, sowohl der Gelenke als auch des Markes, *und ein Richter der Gedanken und Gesinnungen des Herzens*" (Hebr 4,12; Hervorhebung vom Autor). „Das Zeugnis des Herrn ist zuverlässig *und macht den*

Einfältigen weise" (Ps 19,8b; Hervorhebung vom Autor). Die einfache Wahrheit, daß hinter einer bösen Tat nie etwas Gutes stecken kann, hat mir dabei geholfen, in der Seelsorge schon unzählige gordische Knoten durchzuhauen!

Wir haben uns dieses Muster des Selbstbetrugs angelernt, noch bevor wir irgendetwas anderes gelernt haben, da wir es ja nicht „lernen" *mußten*; es gehört zum Menschsein dazu, ein Engramm aufgrund der ersten Lüge Adams vor Gott: „... weil ich nackt bin ..." Nur durch das Kreuz können wir dieses Muster loswerden. Gott hat nicht vor, es zu reparieren; er will es töten und hat das bereits getan – am Kreuz Christi. Wie reagieren wir darauf? „Herr, töte dieses Schema in mir. Befreie mich davon, daß ich mich selbst und andere betrüge. Schenk' mir ein Herz und einen Sinn, der wahrhaftig und aufrichtig ist."

Gott sah den Betrug in Adams Antwort, sagte jedoch nichts dazu. Das war vielleicht auch gar nicht nötig. Ich erinnere mich noch daran, wie ich als zehnjähriger Junge vor meinem Vater stand und mir die haarsträubendsten Entschuldigungen aus den Fingern sog. In der Stille, die darauf folgte, rollte der ohrenbetäubende Donner der Offenbarung! Sein Gesichtsausdruck zeigte mal Güte und gleich darauf wieder Strenge; ein Grinsen konnte er sich nicht verkneifen. Unweigerlich erkannte ich die Lügen, die hinter meinen Beteuerungen steckten. So wußte auch Adam, daß seine Lüge ihr Ziel verfehlt hatte!

Gott versucht es noch einmal, diesmal ein wenig direkter: „Wer hat dir erzählt, daß du nackt bist?" (1. Mo 3,11a) Stellen wir uns vor, wie Gott wiederum geduldig wartet und gehen wir fürs erste noch nicht gleich zu seiner nächsten Frage weiter. Stellen wir uns vor, wie unser liebender himmlischer Vater vor Adam steht, seine Liebe in dessen Herz und Sinn und Geist ergießt, um ihn wirbt und – wie so viele irdische Väter nach ihm – hofft, seinem Kind genügend Mut zu schenken, damit es bekennen kann, was es getan hat. Gott versucht, Adams Wurzeln wieder fest in ihm, seinem himmlischen Vater, zu verankern.

Doch Adam schweigt; überdies beantwortet er die nächste Frage falsch; daran sehen wir, daß Gottes Absicht vereitelt wurde. Also fragen wir vielleicht: „Warum?" Gott hat doch alle Macht des Universums. Warum konnte Satan Adams Gedanken nach wie vor fesseln? Die Antwort lautet: Gott ist ein Gentleman, Satan nicht! Gott wird nie jemandem seinen Willen aufzwingen oder seine Macht gebrauchen, um jemanden zu kontrollieren, zu lenken oder zu manipulieren, auch wenn er weiß, daß einem geliebten Kind vielleicht noch mehr durch Sünde ausgelöstes Leid widerfährt, wenn er seine Macht nicht in die Waagschale wirft. Sogar ein allwissender Gott muß diesen Preis bezahlen, wenn er Söhne und Töchter und keine Roboter haben möchte.

Satan hingegen *wird* sich alles nur Erdenkliche zunutze machen, um seinen selbstsüchtigen Willen durchzusetzen – Besessenheit, Verblendung (2. Kor 4,4), Hypnose (5. Mo 18,11), Manipulation, raffinierte und listige Deutung des Wortes Gottes (2. Kor 4,2), Versuchung, Gedankenkontrolle etc. Der Kampf um Adams freien Willen war überhaupt nicht fair, so wie es auch heutzutage im Kampf um die Seele des Menschen nicht um Fairneß geht; aber ist es nicht tröstlich, daß „... (es) der Wille dessen (ist), der mich gesandt hat, daß ich von allem, was er mir gegeben hat, *nichts verliere*, sondern es auferwecke am letzten Tag" (Joh 6,39; Hervorhebung vom Autor)!

Von Adams Schweigsamkeit als Reaktion auf Gottes Frage erben wir unseren Widerwillen, unseren Trotz und unseren Widerstand, wenn es darum geht, in zahllosen Situationen so zu reagieren, wie wir sollten! Wie oft haben wir schon mitangesehen, wie Brüder und Schwestern in verbissenem Kampf buchstäblich hin- und herschwankten, um bloß *nicht* auf das Wirken Gottes reagieren zu müssen, als in einem Gottesdienst die Möglichkeit dazu gegeben war? Oder wie war das doch noch, als wir erkannten, daß der Heilige Geist uns nahelegte, ein Wort weiterzugeben oder etwas zu bekennen, wir jedoch stumm blieben und ins Schwitzen kamen, während unser Herz wie wild in uns pochte? Oder immer dann, wenn wir in unserem Geist und sogar auch schon in unserem Sinn wußten, daß es wirklich Gott war, der uns dazu veranlaßte, uns bei unserem Ehepartner oder einem anderen lieben Menschen zu entschuldigen, wir jedoch stur und „standhaft" blieben und bange schwiegen? *Tiefe Prägungen, die Adams Schweigen angesichts des geduldigen Wartens Gottes in uns hinterlassen hat, beengen uns wie Gefängnismauern!*

Unsere persönliche Verantwortung

Jedoch können wir uns nicht so ohne weiteres aus der Affäre ziehen, indem wir alles dem armen, alten Adam in die Schuhe schieben und uns selbst lediglich als Opfer betrachten. Ja, wir erben diese unbewußte Prägung der Verführung, ohne um sie gebeten zu haben, *doch sie kann uns erst dann kontrollieren, wenn wir vor ihr kapitulieren und nach ihrer Vorgabe handeln. Wir sind stets für unsere Sünden selbst verantwortlich. Wir entscheiden uns dafür, dem bösen Drängen unseres Herzens nachzugeben.* Wollen wir frei werden, müssen wir erkennen, daß unser Hang zum starrköpfigen Schweigen und Rückzugsdenken eben dort im Garten Eden seinen Anfang fand. *Er findet ein Ende, wenn wir begreifen, daß diese Muster in Selbstsucht und Angst verwurzelt sind und uns fest dazu entschließen, ihre Macht über uns durch das Kreuz Christi zu töten.*

Als Kinder haben wir – oder zumindest ich – dieser Gewohnheit noch cins draufgesetzt: Ich fand heraus, daß ich meine Mutter auf die Palme bringen konnte, indem ich sie einfach ignorierte und schwieg, während sie mich rügte und zur Rede stellen wollte. Ich wußte, daß sie ihre Selbstbeherrschung verlor, wenn ich keinerlei Regung zeigte – und es tat so gut, auf diese gemeine Art Macht zu demonstrieren! Später versuchte ich als Christ, meinem Herrn ähnlicher zu werden; dabei stellte ich fest, daß ich die Bereitschaft aufbringen mußte, mein fieses Vergnügen als das zu betrachten, was es war, und es lernen mußte, es so sehr zu hassen, daß ich schließlich aufhören würde, diese kindische Masche bei Paula und anderen mir nahestehenden Menschen anzuwenden. Meinen Sie, ich sei der einzige Sünder, der so etwas tut? Das bezweifle ich.

Als Adam keine Antwort gab, versuchte Gott es noch einmal, diesmal um etliches direkter: „Hast du etwa von dem Baum gegessen, von dem ich dir geboten habe, du solltest nicht davon essen?“ (1. Mo 3,11b) Könnte wirklich jemand auf den Gedanken kommen, unser allwissender Herr hätte die Antwort auf seine Frage nicht schon im voraus gewußt? Warum hat er dann gefragt? Er wollte Adam und Eva jede erdenkliche Chance geben, mit ihm ins reine zu kommen.

Würde jemand, der den Herrn kennt, wirklich glauben, Gott hätte – wie irdische Väter es manchmal tun – sein Kind voller

Zorn und Verbitterung angeschrien, als er fragte? Nein. Wie sanft muß er sie gefragt haben, weil er wegen ihres Verhaltens in seinem Herzen Schmerz empfand. Doch Adam und Eva standen nun unter dem Einfluß Satans. Jeder von uns hat schon miterlebt, wie verängstigte und schuldbeladene Kinder die sanften und einfühlsamen Fragen ihrer Eltern als strengen Tadel und Gewaltandrohung deuten. Adam und Eva waren taub für den gütigen Unterton in Gottes Stimme. Sie fürchteten sich vor dem, was sie hätte trösten sollen.

So hören auch heute unzählige Gemeindemitglieder aus den liebevollen Ermahnungen ihrer Pastoren, denen das Herz aus Liebe zu ihnen schier bricht, nichts anderes heraus als arglistige Angriffe! *Diese nachhaltige gedankliche Prägung reißt eine Gemeinde nach der anderen ins Verderben, Sonntag für Sonntag.* Das soll nun nicht heißen, es gäbe keine Pastoren, die falsch und anklagend predigen; doch wären wir frei von dieser Prägung, die wir von den ersten Menschen geerbt haben, die Gott zugehört haben, könnten wir auch die Wahrheit Gottes hören, gleichgültig, wie fehlerhaft jene sind, die sie verkünden; dann würden wir Gott danken, weil wir ihm so am Herzen liegen, daß er uns wie Kinder züchtigt (Hebr 12,5-11).

Dieselbe Prägung sät Rebellion und Haß zwischen Eltern und Kindern, zwischen Chefs und ihren Angestellten, zwischen Offizieren und Rekruten; diese Liste kann man *bis zum Geht-nicht-mehr* fortsetzen. Gott wartet nach wie vor auf ein Volk, das bereit ist, den Preis des eigenen Todes zu bezahlen, um zu einer mächtigen, in ihm vereinten Armee heranzuwachsen und nicht zu trotzigen Kindern, die in ihren kleinkrämerischen Gedanken nur darauf aus sind, sich selbst zu rechtfertigen und ihren eigenen Willen durchzusetzen.

Gegenseitige Schuldzuweisungen

Nun wußte Adam endlich, wie er reagieren sollte: Zum ersten Mal in der Geschichte der Welt schob ein Mensch dem anderen den Schwarzen Peter zu! „Die *Frau*, die *du* mir zur Seite gegeben hast, sie gab mir von dem Baum, und ich aß" (1. Mo 3,12; Hervorhebungen vom Autor). Eigentlich spielte Adam den Schwarzen Peter gleich zwei Personen auf einmal zu: Eva und Gott selbst!

Gott, der Inbegriff der Freundlichkeit, ging nicht lange auf Adams törichte Antwort ein, sondern wandte sich gleich an die Frau: „Was hast du da getan?“ (1. Mo 1,13a) – so als ob er es noch nicht wußte. Doch Eva gab zum zweiten Mal in der Menschheitsgeschichte den Schwarzen Peter weiter: „Die Schlange hat mich getäuscht, da aß ich“ (1. Mo 3,13b).

Aus diesem Grund ist es unser Erbe, den Schwarzen Peter immer an andere weiterzugeben – und das gleich in *doppeltem Maß*! Das haben wir von unseren beiden Vorfahren geerbt. Nur selten findet man einen Mann oder eine Frau, der oder die auch nur die leiseste Anklage ertragen und wegstecken kann, ohne sich ein Alibi zusammenzuzimmern, sich zu entschuldigen, Vernunftgründe ins Feld zu führen oder die Schuld jemand anderem in die Schuhe zu schieben. Dumme Entschuldigungen und Schuldzuweisungen gehen uns ja so leicht über die Lippen! Das hat uns niemand beibringen müssen; es steckt uns in den Knochen, es ist Teil unseres Wesens. Wiederum werden wir nicht dadurch frei werden, daß wir uns fest vornehmen, „es nie wieder zu tun“. Die einzige Antwort steht in Galater 2,20 und 5,24. Wir müssen versuchen, diesen Wesenszug der permanenten Schuldzuweisung so dauerhaft und nachhaltig zu kreuzigen, daß Gott sich unser schließlich erbarmt und es für uns übernimmt.

Als Adam sagte: „Die Frau, die *du* mir zur Seite gegeben hast …“ versuchte er natürlich, die Schuld für seine eigene Sünde auf Gott abzuwälzen. Was für eine allgegenwärtige und einflußreiche Prägung ist dadurch in uns allen entstanden! Wenn Tragödien geschehen, sagen sogar die weltlichen Gerichte oft, es sei „höhere Gewalt“, also sozusagen ein „Gottesurteil“ gewesen. Bei Todesfällen und anderen Schicksalsschlägen schreien die Menschen gen Himmel: „Gott, warum hast du mir das angetan!?“ In Sprüche 19,3 heißt es: „Des Menschen eigene Torheit läßt seine Unternehmungen mißlingen; aber alsdann grollt sein Herz gegen den Herrn“ (Menge).

Wie bereits aufgezeigt, möchten wir in der Tiefe unseres Geistes Gott sagen, das Leben und seine Wege seien nicht fair. Deshalb schrieb Paulus: „So sind wir nun Gesandte an Christi Statt, indem Gott gleichsam durch uns ermahnt; wir bitten für Christus: *Laßt euch versöhnen mit Gott*!“ (2. Kor 5,20; Hervorhebung vom Autor) Beachten Sie: Hier heißt es nicht, daß Gott mit uns versöhnt wird; vielmehr ist es andersherum, so als ob wir Gott vergeben müßten! Ja, wirklich! Selbstverständlich hat Gott nie etwas getan, das Vergebung erforderlich machen würde, doch das hält uns nicht davon ab, auf einen zutiefst vollkommenen Gott zutiefst zornig zu sein.

Als mein Bruder Hal im Kindergarten war, mußten einmal alle Kinder seiner Gruppe zu einer Osterfeier hartgekochte Eier mitbringen. An jenem Tag kam Hal nach Hause und war stocksauer auf Mama, weil sie ihm nie gezeigt hatte, wie man Eier *an der Stirn* aufklopft; er befürchtete, Eigelb und Eiweiß würden ihm das Gesicht runterlaufen und er wußte nicht, wie er das verhindern sollte; also kam er überhaupt nicht dazu, auch nur ein Ei zu essen, und das war einzig und allein Mamas Schuld! Unser Zorn auf Gott ist zwar genauso dumm, doch für uns ist er auch genauso schrecklich und real.

Wir müssen Gott Vergebung zusprechen und eins dabei wissen: Im Grunde geht es dabei darum, daß wir selbst Vergebung für unsere törichten Urteile über ihn *empfangen*. Wir sollten beten: „Herr, bring' diese Gewohnheit meines Herzens, dir die Schuld für alles in die Schuhe zu schieben, zum Tod ans Kreuz (gleichgültig, ob ich mir das in meinem Sinn eingestehen kann oder nicht), und erwecke in mir Vertrauen und Ehrerbietung dir gegenüber, bis mir das in Fleisch und Blut übergeht."

Wir gehen nicht näher darauf ein, was Gott zur Schlange sagte; vielmehr untersuchen wir nun seine Worte an Eva:

> Zu der Frau sprach er: Ich werde sehr vermehren die Mühsal deiner Schwangerschaft, mit Schmerzen sollst du Kinder gebären! *Nach deinem Mann wird dein Verlangen sein, er aber wird über dich herrschen*! (1. Mo 3,16; Hervorhebung vom Autor)

Manche Leute meinen, Gott habe sich auf diese Weise an Eva gerächt oder sie bestraft; ich bezweifle das. Wenn ich als Kind etwas Böses getan hatte und mein Vater es herausfand, rief er mich zu sich und wir hatten eine kleine Unterhaltung. Zeichnete sich für ihn ab, daß ich aufgrund meiner Tat irgendwelche schlimmen Konsequenzen würde tragen müssen, war das der

Endpunkt seiner Züchtigung. Er sagte einfach nur: „Mein Sohn, das sind die Konsequenzen." Voll Erbarmen erklärte er mir, was geschehen würde; er wollte, daß ich dies begreife und das Gute, was ich durch diese „schweren Lektionen" lernen würde, für mich festhielte. Noch viel freundlicher als mein leiblicher Vater führte Gott Adam und Eva vor Augen, welche Folgen ihre Taten haben würden, damit sie es verstehen und aufgrund ihrer Erfahrungen an Weisheit zunehmen würden.

Jede Geburt ist mit Schmerzen verbunden. Gott erklärte Eva, ihre Sünde habe eine solche Spannung in ihrem Körper erzeugt, daß ihre Schmerzen zunehmen würden. Aus diesem Grund hat Evas Sünde in der Tiefe unseres Sinnes das Muster erzeugt, daß Frauen unter großen Schmerzen Kinder gebären müßten. In unserer Zeit können sich Frauen mit Hilfe der Lamaze– und der Bradley-Methode entspannen, wodurch die Schmerzen bei der Geburt geringer sind; doch die beste Entspannung ist nach wie vor ein reines Gewissen. Der Weg dorthin sieht so aus, daß man jeden Tag des Lebens alle Ärgernisse und Sünden bekennt, sobald man sie erkennt und von Augenblick zu Augenblick in der Liebe Jesu bleibt.

„Nach deinem Mann wird dein Verlangen sein ..." Sie hatte bereits Verlangen nach ihrem Ehemann, einerseits, weil sie aus seiner Rippe geschaffen worden war und es für sie ganz natürlich war, daß ihr ohne ihn etwas fehlte, andererseits, weil ihr ein Leben ohne Adam ganz und gar unbekannt war. Gott hat in seiner Weisheit Adam gerade lange genug allein leben lassen, daß er einsam genug war, um ein Verlangen nach einer Partnerin zu verspüren. Doch Eva war ein Leben ohne ihren Mann unbekannt! Jetzt hörte sie, daß aufgrund ihrer Sünde ihr Verlangen nach ihrem Ehemann unmäßig werden würde. *Weil sie ihren Mann dazu veranlaßt hatte, ihr den Vorzug vor Gott zu geben, ernteten sie und ihre Nachkommen eine dauerhafte Prägung, nämlich daß sie den Menschen mehr gefallen wollen als Gott!*

Paula und ich sind schon so oft Frauen begegnet, die dachten, sie liebten Gott von ganzem Herzen und tief zerknirscht bekannten, sie hätten Ehebruch begangen. Oder sie erkannten, daß sie so oft ihre eigene richtige Einschätzung einer Situation verworfen und dann falsche Dinge getan hatten, zu denen sie ihre Männer überredet hatten.

Was noch viel schlimmer ist: Wir waren oft sehr betrübt, als wir hörten, wie Prediger und Älteste zu Frauen sagten, *sie müßten alles tun, was ihnen ihre Männer diktierten*, weil sie meinten, das sei das Kennzeichen einer wirklich untergeordneten christlichen Ehefrau... und wie Frauen, betört durch dieses tief in ihnen verankerte Verlangen, ihren Ehemännern gefallen zu wollen, sich unterwarfen und diesem Nonsens ihre Zustimmung gaben! Gott erwartet von *jedem* Menschen, daß er nach seinem eigenen Gewissen und seinem eigenen gesunden Menschenverstand handelt. In Gottes Anweisung über den richtigen Umgang mit Propheten finden wir dieses Prinzip wieder:

> Wenn in deiner Mitte ein Prophet aufsteht oder einer, der Träume hat, und er gibt dir ein Zeichen oder ein Wunder, und das Zeichen oder das Wunder trifft ein, von dem er zu dir geredet hat, indem er sagte: „Laß uns anderen Göttern – die du nicht gekannt hast – nachlaufen und ihnen dienen!", *dann sollst du nicht auf die Worte dieses Propheten hören oder auf den, der die Träume hat (oder auf den Ehemann; Anm.d.Autors). Denn der Herr, euer Gott, prüft euch*, um zu erkennen, ob ihr den Herrn, euren Gott, mit eurem ganzen Herzen und mit eurer ganzen Seele liebt. *Dem Herrn, eurem Gott, sollt ihr nachfolgen, und ihn sollt ihr fürchten. Seine Gebote sollt ihr halten und seiner Stimme gehorchen; ihm sollt ihr dienen und ihm anhängen* (5. Mo 13,2-5; Hervorhebungen vom Autor).

Wenn wir schon erkennen, daß wir keinem Propheten, Pastor oder Bibellehrer zuhören sollten, der eine falsche Lehre verbreitet und nichts von dem tun sollten, was er sagt, wenn es biblisch falsch ist, warum erkennen wir dann nicht, daß dasselbe Prinzip auch für den Gehorsam von Frauen gegenüber ihren Männern gilt? Wenn ein Gebot Gottes klar ersichtlich ist, dann muß eine Frau zuerst Gott und nicht ihrem Ehemann folgen. Das bedeutet, daß z. B. ein Mann, der seiner Frau sagt, es sei ihr nicht erlaubt, in den Gottesdienst zu gehen, nicht im Einklang mit Gottes Gebot steht. *Man kann Ehemännern nicht gestatten, eine Auto-*

rität auszuüben, die sich über die Gebote Gottes hinwegsetzt. Man kann ihm nicht zugestehen, daß er sie zwingt zu lügen, zu betrügen, zu stehlen oder sich ihm sexuell auf unangemessene Weise hinzugeben. Jede Frau muß ihren Hang, ihrem Mann mehr zu gefallen oder zu gehorchen als Gott, an den Herrn abgeben und ihn darum bitten, von diesem Götzendienst befreit zu werden.

„Er aber wird über dich herrschen." Adam war bereits Evas Haupt sowohl, weil er vor ihr erschaffen wurde als auch, weil er ihr Ehemann war. Im Rahmen der richtigen göttlichen Ordnung geben Leiter ihr Leben hin, um alle, die ihnen unterstellt sind, freizusetzen und zu befähigen, das Maximum von dem zu erreichen, was sie im Herrn erreichen können. Ein Ehemann darf niemals dominieren oder kontrollieren, niemals seine Position zum eigenen Vorteil mißbrauchen oder mit seiner Frau respektlos umgehen oder sie wie ein Ding oder einen Besitz behandeln, den er gebrauchen kann, wie es ihm gerade paßt.

Geschichtlich betrachtet ist das, was Gott Eva prophezeit hat, überall dort eingetroffen, wo die Gnade Christi im Leben jedes einzelnen Menschen die Auswirkungen dieser ersten Sünde noch nicht überwunden hat. Seit Anbeginn der Welt haben Männer Frauen dominiert und kontrolliert! In den meisten moslemischen Ländern haben die Frauen kein Wahlrecht; ihre Worte finden vor Gericht kein Gehör und daß ihre Aussage die eines Mannes je überstimmen könnte, steht überhaupt nicht zur Diskussion. Die Frau ist Eigentum des Mannes. Wenn er sie schlägt, wird kein Richter etwas dagegen haben; sie ist ja nur eine Frau, und er hat das Recht, mit ihr umzuspringen, wie er will. Ihre Kinder gehören weder ihr, noch ihnen beiden, sondern allein ihm.

Wenn sich eine Irrlehre in einer christlichen Gemeinschaft breitmacht, merkt man das als erstes und am auffälligsten daran, daß die Frauen augenblicklich ihr Recht als freie und gleichberechtigte Partnerinnen verlieren und zu Bürgern zweiter Klasse werden, die nichts anderes zu tun haben, als sklavischen Gehorsam zu leisten – sanftmütig, unterwürfig und still! Erinnern wir uns, was geschah, als vor einigen Jahren die Hirtenschafts- und Jüngerschaftsbewegung aus dem Gleichgewicht geriet. Noch heute sind wir dabei, die Scherbenhaufen wegzuräumen, die diese Zerstörung der Rollenverteilung innerhalb der christlichen Familie hinterlassen hat.

Acht Monate vor meiner Geburt, noch bevor meine Mutter wußte, daß sie mit mir schwanger war, sprach Gott zu ihr und sagte ihr, sie würde einen Sohn bekommen, der ihm an vielen Orten und in vielen Bereichen dienen würde. Als sie meinen Vater aufweckte, um ihm von ihrem Erlebnis zu erzählen, erntete sie nichts als ein mürrisches Grunzen; sie lernte daraus und erzählte ab diesem Zeitpunkt niemandem mehr davon, am allerwenigsten mir. Als ich achtzehn war, ging ich in den vollzeitigen Dienst und hielt meine erste Predigt. An jenem Nachmittag setzte sie sich zu mir und erzählte mir, ich sei schon vor meiner Geburt berufen worden.

Als die Beziehung zwischen Paula und mir konkrete Formen annahm, sagte ich ihr, es sei ein Ruf auf meinem Leben, und ich würde diesem Ruf – ungeachtet aller Begleitumstände – folgen. Wenn ich im Rahmen dieser Verantwortung von ihr weggerufen werden würde, müsse sie gleich schon am Anfang dafür Verständnis haben. Ich dachte, nur ich alleine hätte eine Berufung, und Paula nehme nur daran teil, weil sie mit mir verheiratet ist.

Der Herr fing an, an meiner männlichen Arroganz zu arbeiten. Nach einer Weile zeigte er mir, daß Paula meine Partnerin im Dienst am Evangelium ist. Doch ich dachte immer noch, es sei meine Mission und sie müsse als meine Gehilfin mitkommen. Doch *Paula ist meine Gefährtin, nicht meine Gehilfin.* Schließlich zeigte mir der Herr, daß wir *von Anbeginn der Schöpfung für ein und dieselbe Mission geschaffen wurden.* Es war immer schon *unser* Dienst gewesen, nicht mein Dienst, den ich mit einer Gehilfin ausführe. Sie ist meine vollwertige und gleichberechtigte Partnerin.

Haupt sein, heißt: Der Schwarze Peter bleibt bei mir hängen, und wenn die Zeit drängt oder wir keine gemeinsame Entscheidung treffen können, dann muß ich sie alleine treffen und mich den Konsequenzen stellen. Aufgrund dieses Kampfes, den Gott durchgemacht hat, um mich von dieser Prägung, die wir von Adam und Eva geerbt haben, loszueisen, damit ich all diesen Punkten zustimmen und nach ihnen leben würde, habe ich eine gewisse Ahnung davon, wie sehr es den Männern wesenseigen ist, Frauen niederzumachen, manchmal vielleicht auf sehr subtile Art und Weise, aber auf jeden Fall niedermachen!

Unser Herr Jesus Christus möchte das Bild der Frau wiederherstellen und sie zu mehr machen, als sie im Garten Eden war. *Er ist der leidenschaftlichste „Frauenrechtler" aller Zeiten!* Doch er möchte dies nicht bloß mit Protestmärschen und Demonstrationen erreichen, sondern indem er diesen in unserer Mentalität verankerten Hang zu Dominanz und Kontrolle zum Tod ans Kreuz bringt. *Er verändert uns von innen nach außen. Ohne Tod und Neugeburt werden alle anderen Veränderungen im Bereich der Gesetzgebung, der Kultur, der theologischen und sozialen Wertvorstellungen auf Dauer keinen Bestand haben. Das ist der Knackpunkt und die entscheidende Aussage dieser Kapitel und der Sinn des ganzen Buches!*

Gott sagte zu Adam:

> Weil du auf die Stimme deiner Frau gehört und gegessen hast von dem Baum, von dem ich dir geboten habe: Du sollst davon nicht essen! – so sei der Erdboden verflucht um deinetwillen: mit Mühsal sollst du davon essen alle Tage deines Lebens; und Dornen und Disteln wird er dir sprossen lassen, und du wirst das Kraut des Feldes essen! Im Schweiße deines Angesichts wirst du dein Brot essen, bis du zurückkehrst zum Erdboden, denn von ihm bist du genommen. Denn Staub bist du, und zum Staub wirst du zurückkehren! (1. Mo 3,17-19)

Adam hatte bereits gearbeitet. Bevor Eva kam, um mitzuarbeiten, hatte er sich um den Garten gekümmert. Arbeit sollte nichts als Segen sein. Bis dahin war es auch so gewesen. Gott hatte *Freude* an seinem Schöpfungswerk gehabt und das Ergebnis eines jeden Tages als *„gut"* bezeichnet (1. Mo 1,4.10.12.18. 21.25); als alles fertig war, sogar als *„sehr gut"* (1. Mo 1,31). Doch jetzt machten sich die Auswirkungen der Sünde bemerkbar: Arbeit ist mit Besorgnis und Anspannung behaftet und kostet deshalb viel „Schweiß". Schwitzen ist gut für den Körper. Wer in einem heißen Klima nicht schwitzen kann, bekommt Probleme. Doch Gott sagte, diese Art Schweiß sei nicht gut; sie rühre von einem falschen fleischlichen Kampf her, von Angst, Zorn und Haß. Später mußten die Priester im Tempel leinene Kleidung tragen, damit sie während ihres Dienstes für den Herrn nicht schwitzten (Hes 44,18). *Wie Gott hier voraussagt, ist von den Tagen Adams bis zur Erlösung durch unseren Herrn Arbeit mit dem Fluch der tiefen Prägung der Anstrengung belegt.*

Die zwei Welten eines Mannes

Es ist überaus bedeutsam, daß Adam den Segen der Arbeit kennenlernte, bevor Eva kam und ganz besonders, daß er die Arbeit als etwas Gesegnetes und Sicheres kennenlernte, bevor er durch den Kontakt mit ihr in Sünde fiel. *Aufgrund von sündhaften Prägungen im Denken der Männer, neigen sie von damals bis heute dazu, vor ihren Frauen in ihre Arbeit zu fliehen, die ihnen Sicherheit gibt, Befriedigung und etwas, das sie bewältigen können!* Ein Mann lebt in zwei Welten: Arbeit und Familie, wobei die Familie viel zu oft weit abgeschlagen an zweiter Stelle liegt. Die Frau hat Verlangen nach ihrem Ehemann und selbst wenn sie in ihrem Beruf Karriere macht, wird sie ihre Prioritäten trotzdem eher in der richtigen Reihenfolge belassen und die Familie an die erste Stelle setzen.

Schon sehr früh gab sich der Herr große Mühe, Paula und mich darauf aufmerksam zu machen, wie einen die Arbeit von der Familie weglockt. Obwohl er uns dazu berufen hatte, neben vielen anderen daran zu arbeiten, das Amt des Propheten in der Gemeinde von heute wiederherzustellen, innere Heilung neu zu entdecken und zu definieren und Familien wieder zu einem biblisch orientierten Lebensstil zurückzuführen, machte er uns doch unmißverständlich klar, daß es unsere wichtigste Berufung war und ist, unsere sechs Kinder im Herrn zu erziehen!

Große Präsidenten unserer Zeit werden wohl schon bald vergessen sein. Bestseller werden bald im Regal verstauben. Weltreiche werden untergehen. Doch wenn ein Mann und eine Frau auch nur zwei Kinder haben, werden alle kostbaren Steine, alles Gold und Silber (christlicher Charakter, Weisheit und Erkenntnis), das sie in ihre Kinder hineinlegen, in den Herzen und im Sinn dieser Kinder im Himmel ewigen Bestand haben (1. Kor 3,12). *Vielleicht ist eine Gott wohlgefällige Erziehung unserer Kinder unser einziges Werk, das ewig Bestand haben wird.*

Adam und Eva haben ihre Kinder nicht besonders gut erzogen – ihr erstes Kind beging den ersten Mord überhaupt! Ob das nun auf den verlockenden Ruf der Arbeit oder auf etwas anderes zurückzuführen ist, sei dahingestellt. Ich bin oft traurig, wenn Leiter und ihre Familien zu mir in die Seelsorge kommen, denn viel zu häufig haben sie das Leben ihrer Kinder dem Ruf der Arbeit geopfert. In allen Sparten der Christenheit sind Kinder von Leitern bekannt dafür, daß sie in ihrem Leben besonders oft rebellisch sind und Probleme haben.

Die richtige Reihenfolge der Prioritäten

Obwohl Adams Arbeit ihn einige Anstrengung und Schweiß kostete, *blieb sie seine erste Liebe*. Ich bitte jeden Bruder und jede Schwester in Christus: Ordnen Sie Ihre Prioritäten in der richtigen Reihenfolge. Neben Gott sollen Ihre Kinder für Sie das Wichtigste sein; Gott wird Sie nie zu einem Dienst berufen, der das Leben Ihrer Kinder zerstört. Ich appelliere an alle Männer: Erteilen Sie der Liebe Ihrer Frau zu Ihnen keine Abfuhr, indem Sie sie zu einer „berufsbedingten Witwe" machen, die auf Ihre Arbeit eifersüchtig ist. *Bringen Sie diese eingeschliffene Verhaltensweise, die darauf zurückzuführen ist, daß Adam seine Arbeit über alles liebte, ans Kreuz. Lieben Sie Ihre Frau und Ihre Familie in der Reihenfolge gleich nach Gott und nicht Ihre Arbeit.*

Sünde trennt. Unmittelbar nachdem Adam und Eva gesündigt hatten, trennten sie Schuld, Angst und Lüge von Gott. Da Eva ein übermäßiges Verlangen hatte und die Funktion des Hauptes verlorengegangen war und Adam seine Arbeit Eva vorzog, wurden sie überdies voneinander getrennt. Schließlich wurden sie durch Dornen, Disteln und eine undankbare Arbeit noch von der Natur getrennt.

Mittels Wurzeln und Prägungen hat sich dieser „Teufelskreis" auf uns übertragen: Männer investieren zu viel Zeit und Energie in ihre Arbeit. Ihre Frauen sind frustriert, denn sie wollen ja mit ihren Männern zusammensein. Also fangen sie an zu schimpfen, halten Strafpredigten oder verlegen sich auf Manipulation; so versuchen sie, die Aufmerksamkeit ihrer Männer wieder auf sich zu lenken. Dadurch sehen sich die Männer ihrerseits veranlaßt, ins Büro, auf den Bauernhof oder in die

Fabrik zu fliehen, wo sie Ruhe finden können und sich kompetent fühlen, wo sie die Dinge in der Hand haben und die Befriedigung einer erfolgreichen Arbeit spüren. Das hat zur Folge, daß die Enttäuschung ihrer Frauen noch größer wird; die daraus resultierende Bitterkeit, Einsamkeit und Anspannung verleitet sie zu bestimmten Handlungen, die die Kluft nur noch vergrößern!

Es ist wichtig, daß Männer und Frauen diese Zusammenhänge erkennen und anfangen, diesen Kreislauf zu hassen, bis sie ihn gemeinsam ans Kreuz bringen können. Wir müssen darüber Buße tun, wie über eine eigene Sünde und wie über einen todbringenden Teufelskreis, den wir alle von unseren Vorfahren geerbt haben und der sich von Generation zu Generation bis zu Adam und Eva zurückverfolgen läßt. Am Fuß des Kreuzes muß er durch Buße durchbrochen werden.

> *Und Gott, der Herr, sprach: Siehe, der Mensch ist geworden wie einer von uns, zu erkennen Gutes und Böses. Und nun, daß er nicht etwa seine Hand ausstrecke und auch noch von dem Baum des Lebens nehme und esse und ewig lebe!* (1. Mo 3,22; Hervorhebung vom Autor)

Von allen Worten der Bibel wird dieser Text vielleicht am häufigsten mißverstanden. Den meisten von uns wurde von Sonntagsschullehrern verkündet, Adam und Eva seien nun wie Gott geworden und hätten Erkenntnis über Gut und Böse erlangt. Ich hörte Professoren in Seminaren über Theologie und biblische Exegese sagen, Adam und Eva seien durch ihre Sünde sozusagen „... die Treppe hinaufgestolpert, was ja auch notwendig ist, wenn wir Erkenntnis und Weisheit bekommen wollen!" Nichts wäre weiter von der Wahrheit entfernt! Durch diese wirren Anschauungen haben wir in unserem Unterbewußtsein die törichte Vorstellung festzementiert, wir würden irgendwie edler und weiser, ja mehr wie Gott werden, wenn wir sündigen.

Doch ordnen wir die Fakten. Die Szene müssen wir uns so vorstellen: Gottes Engel schauen Gott, Adam, Eva und der Schlange, die Satan ist, zu. Gott hält eigentlich Gericht. Er hat nicht nur versucht, Adam und Eva vor Fehltritten zu bewahren, sondern sie auch vor dem himmlischen Gericht verhört. Jeder konnte mitverfolgen, daß aus den Antworten von Adam und Eva auf jede Frage Gottes Verblendung, Lüge, Alibidenken und gegenseitige Schuldzuweisung sprach.

Satan war schon lange zuvor korrumpiert und in Ungnade gefallen, aber er hatte immer noch Zugang zum himmlischen Hohen Rat. Zur Zeit Hiobs ging er immer noch auf der Erde umher und nahm an der Ratssitzung teil, in der Gott ihn fragte: „Woher kommst du?“ Satan erwiderte: „Vom Durchstreifen der Erde und vom Umherwandern auf ihr“ (Hi 1,7). Erst als der Herr die Siebzig aussandte, damit sie das Reich Gottes verkündigten, und jene voll Freude zurückkamen und der Herr rief: „Ich schaute den Satan wie einen Blitz vom Himmel fallen“ (Lk 10,18), wurde Satan endgültig aus dem himmlischen Rat hinausgeworfen.

Zum Abschluß der Anhörung von Adam und Eva sagte Gott: „Siehe, der Mensch ist geworden wie einer von uns …“ (1. Mo 3,22). Jetzt sahen Adam und Eva Gut und Böse, doch nicht mit dem reinen Blick, mit dem Gott Gut und Böse sieht. Sie erkannten Gut und Böse, wie allein Satan Gut und Böse erkennt: Durch ihre Lügen und Sünden sind sie geistlich, emotional und geistig wie Satan, nicht wie Gott geworden.

Bitte merken wir uns ein für allemal: **Wir können nie und nimmer wie Gott werden, indem wir sündigen!** Die Sünde macht uns kindisch, nicht kindlich. Böses bringt nur Böses hervor. Die Sünde macht den Menschen weder edler noch weiser; sie macht ihn nur dümmer und aufsässiger.

Sünde kann nichts Gutes hervorbringen

Die falsche Deutung dieses Textes hat eine der hartnäckigsten Lügen überhaupt hervorgebracht, eine irreführende Prägung, die im Leben zahlloser Menschen unsäglichen Schaden angerichtet hat; sie besagt, Sünde würde irgendwie etwas Gutes bewirken. Diese Lüge bringt unseren festen Entschluß, in Gerechtigkeit zu leben, ins Wanken: „Wenn ich dieser oder jener Versuchung nachgebe und dadurch Gott ähnlicher werde, warum nicht?!“

Das erschüttert den Glauben, die Gesetze Gottes müßten ernstgenommen werden: „Wenn schon Adam und Eva ihren Lohn empfingen, indem sie durch ihre Sünde wie Gott wurden, warum sollte ich dann davon ausgehen, ich würde etwas Schlechtes ernten, wenn ich etwas Verbotenes tue?" Diese Lüge zerstört das Vertrauen auf die Glaubwürdigkeit Gottes: „Er sagte, sie würden ganz sicher sterben; doch dann wurden sie noch mehr wie er! Ich denke, er hat das nicht so ernst gemeint."

Immer wenn wir auf Seminaren diese Lehre bringen, kann ich nur darüber staunen, wie wenige Menschen doch erkennen, welche gravierenden und schrecklichen Auswirkungen dieser Irrtum auf die Gedanken und das Leben vieler Männer und Frauen hat. Ich möchte Sie ermutigen, lange und eingehend darüber nachzudenken, viel über diese Dinge nachzusinnen. Vielleicht sehen Sie dann, daß diese unbewußte Prägung wie eine schleimige Schlange durch die Korridore Ihres Denkens kriecht und Ihnen dabei dieselben Versuchungen vor Augen malt wie Eva, bis auch Sie in jedweder Sünde, die vor Ihnen auftaucht, etwas sehen, das „begehrenswert ist, Einsicht zu geben", das „eine Lust für die Augen" und „gut zur Speise" ist.

Wir sündigen, weil alles Verbotene, das wir haben möchten, den Preis der Sünde wert zu sein scheint. Die Verlockung, die Lüge, es werde keine Konsequenzen für uns haben und die törichte, unbewußte Meinung, wir würden dadurch bessere Menschen werden – all das stammt von dieser Prägung, von der Anschauung, Gott habe gesagt, Adam und Eva seien durch ihre Sünde wie er geworden!

Brauchen wir noch mehr Beweise? Wären Adam und Eva wirklich wie Gott geworden, warum wurden sie dann aus dem Garten und vom Baum des Lebens verjagt? Gott *mußte* sie fortschicken. Bevor sie sündigten, hätte die Frucht vom Baum des Lebens ihren gerechten Stand gefestigt. Doch als die Sünde ihr Wesen zugrunde richtete und es dem Wesen Satans gleichmachte, konnte Gott sie nicht noch einmal diese Frucht essen lassen, damit das, was aus ihnen geworden war, nicht ewigen Charakter bekommen würde.

Erst als das Kreuz Jesu sie reinigen und befähigen konnte, wieder in Gemeinschaft mit heiligen Dingen zu leben, konnte Gott sie wieder in den Garten Eden hineinlassen. Das ist der springende Punkt all unserer Lehre: Es reicht nicht aus, Jesus Christus lediglich als Herrn und Heiland anzunehmen. So *kommen wir zwar in den Himmel*, doch die Bekehrung ist erst der

Anfang eines Prozesses von Tod und Neugeburt, der notwendig ist, um uns auf ein Leben der Fülle in Jesus vorzubereiten. *Was unseren Stand betrifft*, ist bereits alles vollbracht (Joh 19,30). *Was unsere Erfahrung betrifft*, müssen wir uns seinen Tod für uns jeden Tag mehr zueigen machen. *In diesen Kapiteln haben wir versucht, dem Leib Christi zu offenbaren, was auf der tiefsten Ebene in jedem einzelnen von uns getötet werden muß.*

Wenn der Leser diese Dinge nicht im bewußten, disziplinierten Gebet zum Tod ans Kreuz bringt, werden diese drei Kapitel über Wurzeln und Prägungen lediglich einen gewissen Unterhaltungswert gehabt haben – oder auch nur langweilig gewesen sein. Deshalb möchte ich Ihnen folgendes vorschlagen: Jetzt, da Sie sie einmal ganz durchgelesen haben, *gehen Sie diese Kapitel noch einmal in aller Ruhe durch.* Nehmen Sie sich Zeit und denken Sie darüber nach, wie jede Wurzel und jede Prägung in Ihrem eigenen Leben wirkt, und bringen Sie jede einzelne mit Ringen und Gebet ans Kreuz. Dies tut man am besten gemeinsam mit anderen „Pilgern", die Ihnen bei der Standortbestimmung und bei der Einschätzung Ihrer Fortschritte helfen können.

Wir werden Augenblick für Augenblick, Tag für Tag, genau hier, am Fuß des Kreuzes, entweder nach der Vorgabe des Wortes Gottes *umgestaltet* oder der Welt *gleichgestaltet*! *Kämpfen wir den Kampf, wo es wirklich darauf ankommt – in den tiefsten Winkeln unseres Sinnes!*

8

Die Wiederherstellung der Funktionen von Sinn und Herz

von R. Loren Sandford

> Denn wer von den Menschen weiß, was im Menschen ist, als nur der Geist des Menschen, der in ihm ist? So hat auch niemand erkannt, was in Gott ist, als nur der Geist Gottes. Wir aber haben nicht den Geist der Welt empfangen, sondern den Geist, der aus Gott ist, damit wir die Dinge kennen, die uns von Gott geschenkt sind. Davon reden wir auch, nicht in Worten, gelehrt durch menschliche Weisheit, sondern in Worten, gelehrt durch den Geist, indem wir Geistliches durch Geistliches deuten. Ein natürlicher Mensch aber nimmt nicht an, was des Geistes Gottes ist, denn es ist ihm eine Torheit, und er kann es nicht erkennen, weil es geistlich beurteilt wird. Der geistliche dagegen beurteilt zwar alles, er selbst jedoch wird von niemand beurteilt. Denn '**wer hat den Sinn des Herrn erkannt, daß er ihn unterweisen könnte**?' Wir aber haben Christi Sinn (1. Kor 2,11-16; Hervorhebung vom Autor).

Wenn wir den Sinn Christi haben, was muß dann überhaupt erneuert werden? Welche Bereiche unseres Sinnes funktionieren nicht? Und was hat diese Erneuerung damit zu tun, daß wir prüfen können, was der Wille Gottes ist? Ein Hauptproblem besteht darin, daß in uns die Beziehung zwischen Sinn und Herz pervertiert und deren Rollen durcheinandergebracht wurden. Die richtige Funktion des Sinnes im Zusammenspiel mit dem Herzen sieht folgendermaßen aus: Der Sinn trifft Entscheidungen; das Herz soll Diener des vom Geist Gottes erneuerten Sinnes sein und ist als solcher für die Empfindungen zuständig. Obwohl wir alle den Sinn Christi haben, setzen das zu wenige von uns in die Praxis um.

Die Funktion des Herzens

Betrachten wir uns zunächst die Funktion des Herzens. Die Heilige Schrift betont immer wieder, das Herz sei fröhlich, glücklich, starrsinnig, jubelnd, haßerfüllt, boshaft, liebevoll usw. Mit anderen Worten: Wie kein anderer Teil von uns ist das Herz fähig, Dinge zu fühlen, intuitiv zu erfassen und zu begreifen. Es ist auch in der Lage, über etwas nachzusinnen und kann eine Erkenntnisebene erreichen, die über das bloße Verstehen von Fakten hinausgeht. „Wende dein Herz dem Verständnis zu" (Spr 2,2). „Das Herz des Gerechten überlegt, was zu antworten ist" (Spr 15,28).

Doch weil das Herz auch unsere durch den Sündenfall irregeführten Gefühle beherbergt, werden wir ausdrücklich angewiesen, ihm *nicht* zu folgen. 4. Mose 15,39 ermahnt uns, nicht unserem eigenen Herzen zu folgen, sondern vielmehr nach den Geboten des Herrn zu trachten. In Sprüche 28,26 heißt es: „Wer auf sein Herz vertraut, ist ein Tor." Das Herz ist nicht vertrauenswürdig. *In unserem Leben darf auf keinen Fall das Herz die Entscheidungen treffen.* Die Gefühle ändern sich je nach dem Befinden des Körpers: Was Sie zum Frühstück gegessen haben, wie lange Sie letzte Nacht geschlafen haben und ob Ihr Partner heute auf Ihnen herumgehackt hat – all das wirkt sich auf Ihre Gefühle aus. Damit kann man wohl kaum eine solide Entscheidung treffen!

„Trügerisch ist das Herz, mehr als alles …" (Jer 17,9). Mit dieser extremen Aussage geht die Schrift noch viel weiter! Obgleich jeder Aspekt des menschlichen Lebens seine ursprüngliche Herrlichkeit verloren hat, ist den Worten der Schrift zufolge das Herz trügerischer als irgendein anderer Teil von uns; es wird uns viel leichter in die Irre führen, ein falsches Bild von sich geben und Lügen erzählen. Sich selbst überlassen, ist das Herz an Selbstsucht nicht zu übertreffen und somit das unaufrichtigste Instrument, das uns überhaupt zur Verfügung steht.

Die Funktion des Sinnes

Was ist nun mit unserem Sinn? Es ist Aufgabe des Sinnes, etwas objektiv zu erkennen und dann zu entscheiden, was man mit dem Erkannten tun soll. Nicht das Herz, sondern der Sinn bestimmt den Kurs; er trifft Entscheidungen und fordert dann alle anderen

Bereiche unseres Ichs auf, ihm zu folgen. Damit der Sinn diese Aufgabe richtig und objektiv ausführen kann, sollte er „geistlich gesinnt“ sein (Röm 8,6; LÜ); dies ist eine Entscheidung, die Bestimmung des Sinnes. Gottes Plan sieht vor, daß der Heilige Geist über den Sinn herrscht und der Sinn das Herz leitet.

Hören wir, wie die Bibel das formuliert: „Mein Sinn unterweist mich des Nachts“ (Ps 16,7; wörtl. a. d. Engl.). Er unterweist alle anderen Bereiche von mir, nimmt Informationen auf und identifiziert die objektive Wahrheit des Wortes Gottes. „Der Sinn des Klugen sucht nach Erkenntnis“ (Spr 15,14; wörtl. a. d. Engl.). Durch die Entscheidung, nach Erkenntnis zu streben, gibt der Sinn die Richtung vor. „Der Sinn des Menschen plant seinen Weg, doch der Herr leitet seine Schritte“ (Spr 16,9; wörtl. a. d. Engl.). Es ist Aufgabe des Sinnes zu planen, die richtige Richtung einzuschlagen und dann alle anderen Bereiche des Menschen dabei anzuleiten, in die gewählte Richtung zu gehen. In Römer 7 klagt Paulus über den Krieg, der in seinem Inneren tobt. Das Gesetz der Sünde kämpft gegen das Gesetz seines Sinnes. Auch hier ist es wieder der Sinn, der versucht, einwandfrei zu funktionieren und eine richtige Richtung vorzugeben.

Ein erneuerter Sinn beurteilt, was der Wille Gottes ist, da er nach Wahrheit strebt, seine Aufgabe als Entscheidungsinstanz wahrnimmt und verlangt, daß alle anderen Bereiche des Menschen – insbesondere das Herz – innerhalb der Grenzen leben und agieren, die durch diese Entscheidungen gesteckt wurden. Das Herz fühlt und nimmt Dinge intuitiv wahr, während der Sinn erkennt und entscheidet.

Wir bekommen Probleme, wenn wir dem Herzen erlauben, die Entscheidungen zu treffen und die Wahrheit zu beurteilen, und wenn der Sinn ein fleischlicher Diener des Herzens wird, der das rechtfertigt und bekräftigt, was das Herz zu tun gedenkt. Der Sinn sollte dem Herzen Grenzen setzen, damit es zu einem leidenschaftlichen Diener des erneuerten Sinnes wird. Wenn der Sinn jedoch das Herz nicht in Zucht nimmt, läuft es Amok, lebt seine Begierden, Emotionen und Triebe aus, bis unser Leben ein Scherbenhaufen ist. Das heißt nicht, wir sollten herzlose, rein intellektuelle Menschen werden. Vielmehr muß Ausgewogenheit unser Ziel sein.

Der erneuerte Sinn
Wenn wir unser Leben auf Gefühle anstatt auf die objektive, gerechte Wahrheit des Wortes Gottes bauen, bekommen wir stets große Schwierigkeiten. Im Gegensatz dazu identifiziert der erneuerte Sinn objektiv die Wahrheit des Wortes Gottes, nimmt sie in sich auf, studiert sie, bindet den ganzen Menschen an sie, dirigiert das ganze Ich auf einen Kurs des Gehorsams und toleriert keine Abweichung von diesem Kurs.

Wenn das Herz auf diese Weise in Zucht genommen wird, lernt es, ein gehorsamer Diener der Wahrheit zu werden und gibt zum Gesetz das Erbarmen dazu, zur Gerechtigkeit die Güte und zur objektiven Erkenntnis die sanfte Intuition. Je mehr wir lernen, daß sich diese beiden Seiten die Waage halten, desto mehr bekommen wir Gnade, Liebe und Erbarmen für andere Menschen. Dieses Gleichgewicht bewirkt persönliche Zufriedenheit und Glück. Ohne Wegweisung neigt das Herz immer zur Selbstsucht.

Sollte das Herz allein die Entscheidungen treffen und Amok laufen, biegt es alle Wahrnehmungen so hin, daß sie zu seinen eigenen egozentrischen Bezugsgrößen passen, macht es alle anderen für sein Elend verantwortlich (*„Du hast mir das angetan!“)*, erzeugt es Truggedanken (*„Gott hat mir das gesagt!“* – obwohl das nicht stimmt) und vieles andere mehr. Wird das Herz jedoch von einem erneuerten Sinn diszipliniert, findet es Freiheit, um ein *Werkzeug* der *Milde* zu werden und um die Nöte anderer zu *erkennen*, um ihnen dann *voll Erbarmen dienen zu können*.

Meine 13-jährige Tochter kam eines Tages weinend von der Schule nach Hause. Man hatte sie in ein Team eingeteilt, in dem sie ein Jahr lang mit zwei Mädchen zusammenspielen mußte, von denen jedermann wußte, daß sie Drogen nahmen. Sie war immer sehr darauf bedacht, daß sie bei ihren Mitschülern beliebt war und wollte deshalb auch nicht mit diesen beiden Mädchen in Verbindung gebracht werden. Ihr Herz war gefangen vom verzweifelten Wunsch eines Teenagers nach Anerkennung und lief wild und zügellos umher, während ihr Sinn gehorsam war und ihre Empfindungen rechtfertigte: „Ich habe mich nicht darum gerissen, mit denen in einem Team zu spielen… Es ist wichtig, daß man bei den anderen beliebt ist… Ich habe ein

Recht darauf, verletzt zu sein... Das wird vielleicht ein fades Schuljahr werden..."

Gestattet man dem Herzen zu herrschen und Entscheidungen zu treffen, wird der fleischliche Sinn die Selbstsucht rechtfertigen und ihr Geltung verschaffen. Wir unterhielten uns darüber; sanft aber doch bestimmt forderte ich sie auf, die Situation zu durchdenken (eine Funktion des Sinnes) und ihr Herz dazu zu bringen, sich mit den Empfindungen dieser beiden Mädchen zu identifizieren. Ich wollte, daß sie sich mit ihrem Sinn eine Richtung vorgab und ihr Herz in Zucht nahm, um diese beiden mit anderen Augen zu sehen und Mitgefühl *mit ihnen* zu haben, anstatt sich nur selbst zu bedauern. Doch der Sinn mußte das Herz zu dieser Tat auffordern. Von sich aus würde es das nur in den seltensten Fällen tun. Paradoxerweise ist das Herz glücklich, wenn es sich als Diener des Sinnes anderer erbarmen kann, und unglücklich, wenn man ihm gestattet, Amok zu laufen (auch wenn es am Anfang vielleicht versucht, gegen die Anweisungen, die es bekommt, zu rebellieren).

Das Herz meiner Tochter hatte eine sehr starke Abneigung gegen diese beiden Mädchen, *doch es war nicht die Aufgabe ihres Sinnes, das zu rechtfertigen, was das Herz bereits beschlossen hatte, sondern vielmehr einen Entschluß zu fassen, wie sie mit ihren Gefühlen umgehen würde*. Als wir in ihr das rechte Mitgefühl wiederhergestellt und ihre wild herumtobenden Emotionen wieder unter Kontrolle gebracht hatten, war sie auch wieder glücklich, und im weiteren Verlauf des Jahres klagte sie nie wieder über ihre Mitspielerinnen.

Nehmen wir einmal an, Ihr Partner tut etwas, das Sie wirklich hart trifft. Sie sind zornig und handeln dementsprechend, indem Sie mit einer verletzenden Bemerkung kontern. Sie sind der Meinung, Sie hätten das getan, weil Sie verletzt worden sind. Einem Freund, der das mitbekommen hat, erklären Sie: „Das hat weh getan und ich war so zornig... Hättest du vielleicht etwas anderes von mir erwartet?... Habe ich nicht das Recht...?" Aber Sie haben Ihren Partner nicht deshalb angeschnauzt, weil Sie verletzt gewesen sind. *Der Grund liegt vielmehr darin, daß Sie Ihrem Herzen und nicht Ihrem vom Heiligen Geist inspirierten Sinn erlaubt haben, die Art der Reaktion festzusetzen.* Sie haben Ihren Sinn benutzt, um zu rechtfertigen, was Ihr Herz bereits entschieden hatte, anstatt ihn über Ihr Ich herrschen zu lassen, um so eine korrekte Reaktion zu bewirken. Und noch etwas: Nein, Sie hatten kein „Recht“ dazu!

Wir reden hier nicht darüber, daß man Gefühle unterdrücken soll. Wenn Sie Ihre Emotionen unter den Tisch kehren, werden Sie früher oder später die Kontrolle darüber verlieren. Gefühle *werden* sich äußern, entweder gut und gewinnbringend, indem wir uns mit Freunden austauschen und Dinge vor ihnen bekennen, oder in ungesunden Ausbrüchen, Sünden und körperlichen Krankheiten. In Epheser 4,26 heißt es: „Zürnet, und sündigt dabei nicht.“ Mit anderen Worten: *Fühlen* Sie den Zorn, aber *entscheiden* Sie sich dafür, in Gerechtigkeit darauf zu reagieren. *Sie haben das Recht zu fühlen, aber nicht, andere zu verletzen.* Spüren Sie Ihre Emotionen, doch lassen Sie Ihren Sinn darüber entscheiden, wie Sie auf der Grundlage des Wortes Gottes reagieren sollen.

Der erste Schritt zur geistlichen Reife

Der erste Schritt zur geistlichen Reife besteht darin, sich im Sinn vorzunehmen, das Rechte zu tun, und dann das Herz zu veranlassen mitzumachen. Ein Beispiel: In einem Streit mit meiner Frau kann ich mich dafür entscheiden, auf den Gegenschlag zu verzichten, weil mein Sinn (durchdrungen von der gerechten Wahrheit des Wortes Gottes) die Wahrheit kennt und sich an Jakobus 1,19-20 erinnert. Daraufhin weist er mein Herz an, noch *bevor* es auf meinen Zorn hin handelt, mitfühlend *mit* Beth zu sein und ihre Nöte über die meinen zu stellen.

> Jeder Mensch sei schnell zum Hören, langsam zum Reden, langsam zum Zorn. Denn eines Mannes Zorn wirkt nicht Gottes Gerechtigkeit (Jak 1,19-20).

Wenn das Herz tun und lassen kann, was es will, ist es nicht nur das selbstsüchtigste Instrument, das wir haben, es wird auch jeden anderen Bereich unserer Person gefangennehmen. Doch wenn es von einem erneuerten Sinn regiert wird und in Übereinstimmung mit dem offenbarten Wort Gottes handelt, wird es zu einem wunderbaren Instrument des Mitgefühls. Dann agiert es voller Erbarmen, anstatt eigene Entscheidungen zu treffen und

Amok zu laufen. Es ist schon erstaunlich, wie schnell wir unseren Streit beilegen können, wenn dieses Prinzip wirksam ist!

Aufgrund einer tiefgreifenden Veränderung im Denken unserer Gesellschaft besteht die Gefahr, daß wir in diesem Punkt überrannt werden. Nennen Sie dieses Denken „New Age“, wenn Sie wollen. Das „New Age“-Gedankengut erklärt uns zunächst: Alles ist Gott. Daraus läßt sich dann ableiten, daß zumindest gilt: Der Mensch ist Gott. Da dem Menschen also das Göttliche wesenseigen ist, steckt in jedem Individuum ein unendliches, verborgenes Potential. Um erlöst zu werden und eine „Neue Ordnung“ zu schaffen, brauchen wir nur die uns wesenseigene Göttlichkeit zu erkennen und unsere innere Stimme sprechen zu lassen; auf diese Weise können wir uns als göttliche Wesen entfalten. Dies ist eine Spielart genau der Irrlehre, die Eva große Probleme bereitet hat: Götzendienst!

Die eigentliche Botschaft hinter dem „New Age“-Denken lautet: „Tu und sei das, wonach du dich fühlst!“ Das hören und sehen wir an allen Ecken und Enden – in den elektronischen Medien, in den Printmedien, in Filmen, im Studium und in privaten Gesprächen. Das Gefühl wird als Wahrheit hingestellt. Infolgedessen drehen wir uns nur noch um uns selbst; wir müssen unseren Gefühlen Nahrung geben und bitten die ganze Welt, diesen Mangel auszufüllen. Man dreht uns eine Denkweise an, deren Ziel es ist, das Wort Gottes solange zu subjektivieren, bis kein einziges klares Wort von ihm übrig bleibt, und unser Herz zu entfesseln, auf daß es unser Schicksal bestimme. Wir erheben unsere persönlichen Triebe über das Wort Gottes – diese Denkweise entspringt der Hölle und führt wieder dorthin zurück!

Wenn in dieser pervertierten Denkweise Gefühle zur Wahrheit werden und das Herz zur Entscheidungsinstanz erhoben wird, sind die Worte „Ich liebe …“ nicht mehr Verhaltensrichtlinie nach der Absicht Gottes, sondern lediglich die Definition eines Gefühls.

„Kommunikation in der Ehe“ – ein weit verbreiteter Begriff in unserer gefühlsorientierten Gesellschaft – wird zu einem Schlagwort, das beschreibt, wie ich versuche, meine Partnerin dazu zu bringen, in mir gute Gefühle zu erzeugen. Wenn meine

Worte Erfolg haben und ich sie so manipulieren kann, daß sie die Dinge tut, die mich meiner Meinung nach glücklich machen, dann hat sie mich gehört. Wenn nicht, ist es mit unserer Kommunikation nicht weit her. Mein Sinn ist der Diener meines Herzens geworden und sucht nach Mitteln und Wegen, das Verhalten meiner Frau so zu lenken, daß ich emotionell befriedigt werde.

„Ich gebe Jesus mein Leben" – das bedeutet, daß Jesus mir gute Gefühle geschenkt hat (und gut beraten ist, das auch weiterhin zu tun)! Wenn er das nicht tut, werde ich daraus schließen, daß es nicht „funktioniert" hat, und mein Sinn (der fälschlicherweise als Diener meines Herzens agiert) wird all die leeren Phrasen bereithalten, die ich zur Entschuldigung meines Abfalls vom Glauben brauche.

„Sensibel sein" – das bedeutet, daß ich sehr schnell und um meiner selbst willen verletzbar bin, und nicht, daß ich mich rücksichtsvoll gegenüber den Gefühlen anderer verhalte. Diese Fähigkeit, leicht und um meiner selbst willen verletzbar zu sein, verwandelt sich in herzliches und sanftes Erbarmen, wenn der Sinn richtig funktioniert und unter der Leitung des Heiligen Geistes und durchdrungen vom Wort Gottes die Entscheidungen trifft. Eine Fehlfunktion des Sinnes zeigt sich daran, daß er Entschuldigungen und Rechtfertigungen für das selbstsüchtige Handeln eines undisziplinierten Herzens vorbringt. Er macht einfach andere für sein eigenes Elend verantwortlich.

„Moral im Bereich der Sexualität" – das bedeutet mittlerweile, daß man nur noch mit den Leuten ins Bett geht, mit denen man eine Beziehung hat. Doch die Wahrheit ist: Ein undiszipliniertes Herz will es, und der Sinn liefert die Rechtfertigung dafür, anstatt die ihm zugeteilte Rolle auszufüllen und das Herz an die offenbarte Wahrheit des Wortes Gottes zu binden.

Doch da uns die Gesellschaft, in der wir leben, sagt, das Göttliche sei uns wesenseigen, haben wir daraus den Schluß gezogen, daß alles, was wir fühlen oder von unserer inneren Stimme hören, die Wahrheit ist. Der Sinn hat dazu ein Gerüst aus Rechtfertigungen gebastelt. So vergöttlichen wir unsere Gefühle, machen sie zu unseren Götzen.

Das Problem kann sich so auswachsen, daß man ihm fast nicht mehr Herr wird. Die meisten Ehepaare, die mit Eheprob lemen in die Seelsorge kommen, haben sich im Unterbewußtsein schon eine Lösungsstrategie zurechtgelegt: „Geben Sie uns ein gutes Gefühl, damit wir einander wieder mögen können.“ Die Wahrheit wollen sie eigentlich gar nicht hören, denn das würde ja zur Konsequenz haben, daß ihr Sinn ihr Herz in Zucht nehmen und von ihm Gehorsam fordern müßte. Unser Herz will das nicht, und unser Sinn ist faul. Wenn ich nun als Seelsorger versuche, dem Sinn des einen Partners die Augen zu öffnen, damit er den Schmerz des anderen sieht und das Herz auffordere, sich damit zu identifizieren, dann bin ich der Buhmann und bekomme zu hören: „Sie sind gegen mich!“

Eine junge Ehefrau aus ärmlichen Verhältnissen stellt permanent die geschäftlichen Aktivitäten ihres Mannes in Frage. Er hat einen eigenen Laden und verkauft Gebrauchtmöbel. „Für dieses Stück hast du zu wenig verlangt... Für jenes hast du viel zu viel bezahlt... Das da kann man überhaupt nicht mehr herrichten...“ Er bringt ständig Geld nach Hause, doch sie signalisiert ihm, es würde nie reichen. Er reagiert zornig, da er das Gefühl hat, sie habe nichts Besseres zu tun, als seine Anstrengungen für sie, seine aufopferungsvolle Tätigkeit und Liebe zu ihr permanent niederzumachen. Er reagiert heftiger als normal, weil er ihre Worte durch den Filter der Vorurteile seiner kritischen Mutter von früher hört, die er noch nicht verarbeitet hat. Wenn ihm der Kragen platzt, zieht sie sich zurück und schweigt; das treibt ihn nur noch mehr auf die Palme.

Die Wurzeln des Problems sind offensichtlich. Beide können erkennen, warum sie so reagieren. Wir beten miteinander, sie vergeben den Eltern und tun Buße über die Urteile, die aus diesen Kindheitsbeziehungen erwachsen sind. Tränen fließen und alles sieht gut aus. Dann frage ich den Mann: „Können Sie nun verstehen, warum sie so reagiert?“ Ihr stelle ich dieselbe Frage.

Jetzt denkt jeder, ich hätte gegen ihn oder sie Stellung bezogen. Warum? Weil in beiden der Sinn nach wie vor sündhafte Reaktionen rechtfertigt, anstatt das Herz zu echter Vergebung und Gott wohlgefälligem Mitgefühl zu leiten. Folglich gibt es trotz der Gebete keine Heilung. Als Seelsorger bin ich nun zum Feind geworden, weil ich ihre Herzen wegen ihrer Selbstsucht zur Rechenschaft gezogen habe. Keine der beiden Parteien wollte eine persönliche Veränderung. In Wahrheit wollte jeder, daß sich der andere verändere, damit er oder sie selbst sich „gut fühlen“ könnte. Ihre persönlichen Gefühle waren ihre Wahrheit. Der Sinn war lediglich ein Diener, der für das, was das Herz bereits beschlossen hatte, eine Verteidigungsstrategie entwerfen soll.

Ich weiß nicht mehr, wie oft ich schon einen Seelsorgetermin buchstäblich über mich ergehen lassen mußte, weil ein Ehepaar eine geschlagene Stunde damit verbrachte, darüber zu debattieren, was in einer bestimmten Konfliktsituation wirklich geschehen war. „Du hast gesagt ...“ „Nein, stimmt ja gar nicht... Du hast gesagt ...“ „Du lügst! Wortwörtlich hast du das gesagt ...!“ Es ist schier unmöglich, ihnen lange genug Einhalt zu gebieten, um eine vernünftige Kommunikation zwischen Erwachsenen in Gang zu bringen. Jeder glaubt das, was er sagt. Keiner lügt bewußt, und dennoch sagt keiner die Wahrheit. Überdies ist keiner von beiden bereit, die Wahrheit zu hören. Beide sind ausschließlich daran interessiert, das festzuhalten, was seinem oder ihrem *Gefühl* nach die Wahrheit ist. Jeder will auf Kosten des anderen Sieger bleiben.

Sie brauchen nur einen von beiden zu fragen: „Können Sie verstehen, warum er (oder sie) so zornig ist?“ und schon werden Sie zum Feind, weil Sie ihre heilige Kuh angetastet haben, indem Sie zu Bedenken gaben, das Herz eines Beteiligten könnte vielleicht nicht die Wahrheit sagen, oder weil Sie zumindest andeuteten, es sei weise, von der eigenen Machtposition abzurücken. Sie haben den Sinn aufgerufen, vom Herzen zu fordern, es solle seinen selbstsüchtigen Standpunkt aufgeben und Mitgefühl für den anderen zeigen. Doch das ist schwierig. Das bedeutet Selbstverleugnung. Das bedeutet, daß man dem Herzen nicht länger erlauben kann, Amok zu laufen, ungehindert zu reagieren, ohne Disziplin oder die richtige Wegweisung Gefühle auszuleben. Das bedeutet, daß der durch den Heiligen Geist erneuerte Sinn seinen rechtmäßigen Platz als Diener der Gerechtigkeit einnehmen und das Herz zur Rechenschaft ziehen muß. Das Herz hingegen ist zutiefst böse und trügerisch, mehr als alles andere. „Das ist zu schwierig“, lügt es uns vor. „Also bin ich einfach sauer auf den Seelsorger.“

Der Sinn, nun Diener und nicht Leiter des Herzens, fängt an diesem Punkt an, den Haß auf den Seelsorger zu rechtfertigen. Jeder Seelsorger weiß, daß kranke Menschen oft haarsträubend-kreative Versionen dessen, was in der Seelsorge gesagt wurde, herumerzählen. Ich habe schon mehrmals zwei Menschen zur Rechenschaft gezogen, nur um mitzuerleben, wie beide fluchtartig mein Büro verließen und mich anklagten, ich hätte gesagt, es sei „... alles nur *mein* Fehler gewesen! Was ist mit ihm?" oder „Was ist mit ihr?" Die Beziehung zwischen Sinn und Herz blieb gestört; infolgedessen konnten meine Aussagen über die gegenseitige Verantwortung nicht auf fruchtbaren Boden fallen. Ihr Eingeständnis der eigenen Schuld war lediglich ein Lippenbekenntnis.

Als Kind tat ich mich schwer, mit meinen Stimmungen umzugehen. Doch damit nicht genug – alle anderen mußten sich mit mir elend fühlen. Als mein Vater und meine ganze Familie genug gelitten hatte, versohlte er mir den Hintern und befahl mir mit allerstrengster Stimme: „Jetzt bist du glücklich!"

Schon als Kind dachte ich mir: „Was redet er bloß!" Doch die Botschaft traf genau den Punkt. „Laß dich nicht länger von deinen Gefühlen an der Nase herumführen. Entscheide dich mit deinem Sinn, wie du leben willst, und befehle dann deinem Herzen mitzumachen. Bring das in Ordnung."

Irgendwie faßte diese Botschaft Fuß. Ich kann nicht für meine Emotionen leben; andererseits kann und soll ich sie nicht verscheuchen. Ich kann jedoch für Taten der Gerechtigkeit leben. Ich kann Gefühle haben, doch mein gerechtes *Handeln* gründet sich auf das ewige, offenbarte Wort Gottes.

Sonntag für Sonntag begleitet mich diese Fähigkeit durch Gottesdienste und Predigten; ich freue mich um meiner Gemeindemitglieder willen, gleichgültig, was mein Herz fühlt. Ich bin nach wie vor eine melancholische Persönlichkeit und nach wie vor nicht in der Lage, auf Befehl richtige und positive Emotionen zu erzeugen. Doch mit meinem vom Heiligen Geist erneuerten Sinn kann ich eine Zielvorgabe für richtiges Verhalten machen; so wird mein Herz aufgefordert mitzumachen und meine Entscheidungen mit Einfühlungsvermögen und Leben zu erfüllen. Die Zucht eines umgestalteten und erneuerten Sinnes verwandelt das Herz in ein mächtiges Instrument des Mitgefühls. In irgendeinem Winkel meines Wesens fühle ich mich vielleicht immer noch elend, aber ich kann für meine Leute ganz ungeheuchelt „gut drauf" sein, wenn der Dienst es erfordert. Ich kann meine melancholischen Gefühle einfach in ein anderes „Zimmer" stecken und mich dann dafür entscheiden, in der Freude des Heiligen Geistes in mir zu leben.

(Anmerkung des stolzen Vaters: Seit Loren diese Zeilen geschrieben hat, hat er einen gewaltigen Durchbruch erlebt und kann nun jeden Augenblick, jeden Tag in der Gegenwart des Herrn bleiben! Sein melancholisches Wesen ist wie weggeblasen, und er ist erfüllt mit der Freude des Herrn. Dennoch hat dieser Rat immer noch seine Gültigkeit für jene, die nach wie vor melancholisch werden, und für einen Tag, an dem man ein „Tief" hat, gilt er allemal.)

Die Aufgabe des Sinnes

In unseren kaputten Gedanken glauben wir wirklich, Emotionen seien ein Zeichen von Stärke. Doch das stimmt nicht. Wir glauben, unser Zorn habe eine Schutzfunktion. Doch das stimmt auch nicht. Wir glauben, Gefühle seien aufrichtig. Doch sie lügen. Der Sinn soll die Tatsachen des Wortes Gottes identifizieren und daraufhin vom Herzen Gehorsam verlangen. *Es ist die Aufgabe des Sinnes, dem Herzen mit objektiven Wahrheiten Grenzen zu ziehen, innerhalb derer es agieren soll.* Das Resultat ist Gerechtigkeit, gemildert mit der Sanftmut Gottes, und Kraft, gesegnet mit Mitgefühl.

In Sprüche 16,32 heißt es: „Besser ein Langmütiger als ein Held, und besser, wer seinen Geist beherrscht, als wer eine Stadt erobert." Sprüche 17,27: „Wer seine Worte zügelt, besitzt Erkenntnis; und wer kühlen Geist bewahrt, ist ein verständiger Mann." Sprüche 25,28: „Wie eine Stadt, deren Mauern niedergerissen sind, so ist ein Mann, dessen Geiste Selbstbeherrschung mangelt" (Menge). Sprüche 17,20: „Wer einen verschlagenen Sinn hat, findet nichts Gutes" (wörtl. a. d. Engl.). Wenn der erneuerte und vom Heiligen Geist gesegnete Sinn nicht das Sagen hat, verfügt der Mensch nicht über die Möglichkeit, negatives Denken zu besiegen. Gefangen in einer negativen Weltsicht, kann er in nichts und niemandem etwas Gutes finden.

Ich glaube, hier ist noch viel Lehre erforderlich. Das wird nicht gerade leicht sein, da wir gegen den Strom unserer heutigen Zeit schwimmen. Das wird nicht leicht sein, da heutzutage die meisten Kinder zuhause nicht mehr in göttlicher Zucht erzogen und noch viel weniger in der Zucht des Herzens „trainiert" werden. Wir müssen konsequent darüber predigen und dürfen nicht erwarten, einen Popularitätswettbewerb damit zu gewinnen. Doch wenn wir einen Menschen überzeugen können, so daß er sich dem Kampf stellt und darin fest steht, haben wir gewonnen. Neben unserer Bekehrung kann diese einfache Entscheidung zum wichtigsten Wendepunkt im Leben eines jeden einzelnen werden.

> Denn obwohl wir im Fleisch wandeln, kämpfen wir nicht nach dem Fleisch; denn die Waffen unseres Kampfes sind nicht fleischlich, sondern mächtig für Gott zur Zerstörung von Festungen; so zerstören wir Vernünfteleien und jede Höhe, die sich gegen die Erkenntnis Gottes erhebt, und nehmen jeden Gedanken gefangen unter den Gehorsam Christi (2. Kor 10,3-5).

Als Christen im Heilungsdienst ist es nicht unsere Aufgabe, den Menschen ein gutes Gefühl zu geben, sondern vielmehr, Gedanken gefangenzunehmen, auf daß das Herz ihnen folge.

9

Das rechte Denken über die Gemeinde und über Autorität

von R. Loren Sandford

> Denn wir sollen *nicht mehr Unmündige* sein, hin- und hergeworfen und umhergetrieben von jedem Wind der Lehre durch die Betrügerei der Menschen, durch ihre Verschlagenheit zu listig ersonnenem Irrtum. *Laßt uns aber die Wahrheit bekennen in Liebe und in allem hinwachsen zu ihm*, der das Haupt ist, Christus. Aus ihm wird der ganze Leib gut zusammengefügt und verbunden durch jedes Gelenk des Dienstes, entsprechend der Wirksamkeit nach dem Maß jedes einzelnen Teils; und so wirkt er das Wachstum des Leibes zu seiner Selbstauferbauung in Liebe. Dies nun sage und bezeuge ich im Herrn, *daß ihr nicht mehr wandeln sollt, wie auch die Nationen wandeln, in Nichtigkeit ihres Sinnes* (Eph 4,14-17; Hervorhebungen vom Autor).

Dieses Kapitel war ursprünglich eine Lehrpredigt, die ich auf einem Elijah House Seminar mit dem Thema „Die Erneuerung des Sinnes" im Oktober 1987 in Spokane (Bundesstaat Washington) gehalten hatte. Ich hatte mir für diese Lehre kaum Notizen gemacht und wußte nicht genau, was ich sagen würde; ich wußte nur, daß der Herr mich so geführt hatte, daß ich „aus der Hüfte schießen" und dem Heiligen Geist die Leitung anvertrauen sollte. Was dabei herauskam, war ein leidenschaftlicher Appell an den Leib Christi, erwachsen zu werden und seine unreifen Denkschemata über Beziehungen unter Geschwistern zu ändern.

Ich schreibe dieses Kapitel in der Hoffnung, etwas von der Spontanität und der Leidenschaft dieses gesegneten Augenblicks weitergeben zu können. Es geht mir nicht nur darum,

Informationen mitzuteilen; vielmehr möchte ich eine neue Grundeinstellung vermitteln, eine neue, intensive Liebe zur Herrlichkeit dieses schrecklichen, wunderbaren Haufens, den wir „Leib Christi“ nennen.

Beim Nachdenken über die verdrehten, unbiblischen Anschauungen über den Leib Christi und über Autorität, wie sie viele von uns an den Tag legen, stoße ich erneut auf das Problem der umgekehrten Rollenverteilung zwischen Sinn und Herz. Wiederum erlebe ich viel zu oft, wie der Sinn dem Herzen dient, um das zu rechtfertigen, was das Herz fühlt, und nicht so funktioniert, wie er eigentlich sollte: Wahrheit verstehen, Entscheidungen treffen, Richtlinien festsetzen. Unsere Meinung über den Leib Christi und über Autorität *spiegelt zu oft unsere Gefühle und Urteile wider*, anstatt sie nach der Vorgabe des Wortes Gottes zu beeinflussen.

Krasser Individualismus

Beginnen wir nun unsere Betrachtung der verdrehten Ansichten über den Leib Christi. *Unsere anglo-amerikanische Tradition des „krassen Individualismus“* * bewährte sich großartig, als es darum ging, immer weiter nach Westen zu expandieren. Dieser „krasse Individualismus“ reicht mehrere hundert Jahre zurück und hat uns geholfen, einen Kontinent zu erforschen und eine Nation aufzubauen; doch für den Leib Christi kann er Gift sein. „Ich werde in die Wildnis gehen, weit weg von den anderen Menschen, und werde mir dort etwas Eigenes aufbauen. Dazu brauche ich eure Hilfe nicht, danke! Wenn es mir dort zu eng wird, gehe ich noch weiter hinaus. Ich werde Unternehmer. Ich werde mir mein eigenes Firmenimperium aufbauen. Es wird alles mir allein gehören. Ich bin ein ’self-made man’!“ Wie tief verwurzelt ist diese Haltung in unserer Gesellschaft! Und so weit verbreitet – auch unter Dienern des Herrn!

Folglich läßt sich die Tatsache, daß wir Gläubigen *durch einen Geist alle zu einem Leib getauft* sind (1. Kor 12,13), in

---

* Die zweite Hälfte des 19. Jahrhunderts (Stichwort industrielle Revolution und wirtschaftliche Expansion) nannte man in Amerika „era of rugged individualism“, „Ära des krassen Individualismus“. (Anm. d. Übers.)

unserem Verständnis nicht verankern. Zu viele von uns begreifen das nicht, weil wir nicht wissen, was es heißt, Gemeinschaft zu haben und mit anderen am gleichen Strick zu ziehen. Doch anstatt begreifen zu wollen, was diese Bibelstelle für die gegenseitige Hingabe und das Verhalten in Gemeinschaft bedeutet, fängt der Sinn an, zu rechtfertigen, was unser Herz bereits gesagt hat: „Ich bin halt ein extremer Individualist. Ich kann meinen Glauben auch allein leben und Jesus auch allein anbeten. Natürlich glaube ich an Christus! Aber ich brauche keine Gemeinde, um an Christus zu glauben!"

Das ist ein völlig unredliches und verkehrtes Denken, nicht, weil es nicht stimmen würde, sondern weil es falsch angewendet wird – richtige Gedanken rechtfertigen falsche Haltungen und Handlungen. Es stimmt ja, daß ich an Jesus glauben kann, ohne eine Gemeinde zu besuchen. Aber es ist Sünde, diese Wahrheiten als Rechtfertigung dafür zu mißbrauchen, daß ich der Gemeinschaft fernbleibe. Wenn wir so denken, dient der Sinn dem, was das Herz bereits glaubt, anstatt alles ans Wort Gottes zu binden.

Viele von uns sind Scheidungskinder und es werden immer mehr. Das Bild von einer heilen, gesunden Gemeinschaft ist bei solchen Menschen oft völlig zerstört worden. Sie werden es nicht riskieren, sich emotionell verletzbar zu machen. Sie werden sich nirgendwo wirklich engagieren und sich nirgends eingliedern, wo andere den Kurs bestimmen.

Ich wuchs in einer heilen Familie auf und war das älteste von sechs Kindern. Ich wußte eins: Mama und Papa bildeten eine dauerhafte Einheit, und wenn morgen die Welt untergehen würde, wäre „Mama-und-Papa" immer noch ein Wort. Ich lernte auch, daß ich nicht mit drei Brüdern in einem Zimmer schlafen konnte, ohne Geben zu lernen. In dieser Beengtheit war ich gezwungen, mein Verhalten anzupassen und öfters die Krallen einzuziehen, um mein eigenes Überleben zu sichern. Mit entmutigender Regelmäßigkeit machten meine Brüder Dinge kaputt, die mir gehörten; also *mußte* ich es lernen zu vergeben. Mindestens einmal die Woche putzte ich mir mit einer nassen Zahnbürste die Zähne, weil sie schon jemand anderer vor mir benutzt hatte! Ich hatte keine Wahl; um des Friedens der ganzen Familie willen mußte ich das tolerieren.

Mama und Papa konnten ihre Streitigkeiten so gut wie nie geheimhalten, auch wenn sie natürlich meinten, es wäre ihnen gelungen. Wir konnten sehen, wie Mama immer frustrierter wurde, als erst eine halbe Stunde verging, dann eine ganze und immer noch nichts darauf hinwies, daß unser Vater zum Abendessen heimkommen würde. Ich höre noch heute, wie sie mit wachsendem Zorn leise vor sich hinbrummelte, während sie mit der ganzen Familie zu Abend aß und zu uns Kindern sagte: „Denkt ganz fest an euren Vater." Das war keine okkulte Praktik, nur bitterer Humor!

Angesichts dessen, wie sich ihre Frustration zeigte, wußten wir, daß da etwas nicht stimmte. Doch sobald Papa „fertiggesündigt" hatte, indem er zu spät nach Hause kam, und sie im Gegenzug in ihrer Frustration „fertiggesündigt" hatte, umarmten sie sich und vergaben einander. Das bekamen wir natürlich auch mit. Indem wir Zeugen der Spannung und der darauffolgenden Entspannung wurden, lernten wir wichtige Fähigkeiten, die wir ein Leben lang brauchen würden.

Situationen wie diese waren wertvolle praktische Lektionen in „Gemeinschaftskunde". Sie unterwiesen uns, wie man mit anderen eins sein kann, ohne sich selbst aufzugeben, und wie man in einem Familienverband lebt, der sich aus Menschen zusammensetzt, von denen Gott nicht will, daß sie voreinander Reißaus nehmen. Ein Leben mit drei Brüdern und zwei Schwestern lehrte mich, alles Nötige zu tun, um Konflikte zu lösen, ohne einen Ausverkauf der eigenen Interessen zu betreiben. Gleichgültig, wie sehr wir uns stritten – wir waren eine Familie und würden es immer bleiben.

Kinder, deren Eltern geschieden oder nie zu Hause sind

Eine Scheidung *vernichtet* dieses allmählich gewachsene Vertrauen. Die Kinder sind danach meist so verletzt, daß etwas in ihnen sagt: „Ich werde mich nie wieder auf einen anderen Menschen einlassen. Das Risiko gehe ich nicht ein." Wenn sie dann aufgerufen werden, mit einer anderen Familie, nämlich dem Leib Christi, eins zu werden, sagt dieselbe innere Stimme: „Das Risiko gehe ich nicht ein." Solche Leute werden sich nie ganz einbringen. Eine Zeitlang sind sie begeistert von der Gegenwart des Herrn in der Anbetung und von der herzlichen

Gemeinschaft, doch sobald es ans „Eingemachte" geht – wenn es Streit gibt oder die Persönlichkeit oder das Verhalten eines Gemeindemitglieds förmlich zum Himmel stinkt –, kehren sie der Gemeinde den Rücken, weil es keinen Spaß mehr macht. Zur echten Gemeinschaft mit anderen fehlt ihnen das nötige Handwerkszeug. Tragischerweise wissen sie nicht, wie sie mit diesem Schmelztiegel der Beziehungen, der Heiligung bewirkt, umgehen sollen.

In unserer Zeit wachsen immer mehr Kinder heran, deren Eltern nie zu Hause sind – auch wenn die Familie an sich zusammenbleibt. Ich habe Verständnis dafür, wenn in einer Familie mit kleinen Kindern Vater und Mutter außer Haus arbeiten müssen. In manchen Fällen ist ein doppeltes Einkommen nötig, um die Familie richtig ernähren und kleiden zu können; aber ich wehre mich energisch dagegen, daß beide Eltern sich nur um des Wohlstands willen für die Arbeit entscheiden. Auf diese Weise haben wir uns an der Sicherheit unserer Kinder versündigt, und die Konsequenzen brechen bereits jetzt wie ein Unwetter über unsere Gesellschaft herein.

Unsere wachsenden Verbrechensziffern und die alarmierende Zahl von Scheidungen sind Anzeichen der Vernichtung, die unsere modernen Gesellschaftsstrukturen über uns bringen. Kinder mußten mitansehen, wie ihre Eltern materialistischen, ichbezogenen Zielen nachjagten; *daraus haben sie gelernt, daß verbindliche Beziehungen weniger wichtig sind als Besitztümer*.

Kinder sind viel zu oft sich selbst überlassen, während die Eltern den ganzen Tag außer Haus sind; in dieser einsamen Umgebung schlagen sie sich mit den Widrigkeiten des Lebens herum, ohne die Anleitung der Menschen, die bereits Einsichten gewonnen haben und auf Lebenserfahrungen verweisen können, die notwendig sind, um im Kind einen ausgeglichenen Charakter zu fördern. Auch wenn man die Kinder zu einer guten Kinderkrippe oder Tagesstätte bringen kann, fehlen doch die Menschen, die ihnen am meisten bedeuten – Mama und Papa.

So ein Kind wird mit kritischen Situationen konfrontiert und meistert allein entscheidende Wendepunkte in seinem Leben; doch irgendwann kommt es in seinem Herzen mit sich überein: „Ihr (die Autoritätspersonen) kümmert euch nicht um mich; also werde ich es nicht *zulassen*, daß jemand Autorität in meinem

Leben ausübt und sich um mich kümmert! Ich werde mich niemandem anschließen oder unterordnen! Ich bin allein und, bei Gott, *ich werde allein bleiben*! Ihr wart nicht da, als ich euch brauchte; ich werde euch nie wieder an mich ranlassen! Das Risiko, einen anderen Menschen zu brauchen, werde ich nie wieder eingehen!“

Ich beschreibe hier, was das Herz des Kindes festmacht, denn früher oder später wird der falsch funktionierende, fleischliche Sinn dem Herzen gehorchen und dessen Ängste und Entscheidungen rechtfertigen.

Die passive Generation

Wir sind die passive Generation. Ich schäme mich zuzugeben, daß wir in unserem Haus vier funktionstüchtige Fernsehgeräte haben. Deshalb gehen meine Frau und ich häufig „Streife“ im Keller (wo wir unseren großen Fernseher haben) und werfen die Kinder hinaus, damit sie keine fernsehsüchtigen Stubenhocker werden. Wir gehören zur Nachkriegsgeneration des „Baby-Booms“ und sind *die erste Fernsehgeneration: daran gewöhnt, etwas passiv zu empfangen, unterhalten zu werden, anstatt aktiv am Leben teilzunehmen und es gestalterisch zu verändern.* Wir sind faul – geistig und emotional.

Als Pastor einer Gemeinde, deren Mitglieder durchschnittlich zwischen fünfunddreißig und vierzig Jahre alt sind, weiß ich, wovon ich rede. Im großen und ganzen wissen wir nicht, wie wir uns ausdauernd engagieren oder wie wir effektiv und *zusammen mit anderen* an Gemeinschaftsaktivitäten teilnehmen können. Das ist viel zu viel Arbeit. Es ist leichter, nur dazusitzen und gefüttert zu werden; es ist leichter, wenn jemand die ganze Arbeit *für* uns tut. Infolgedessen sind wir ein Haufen von „Gemeindespringern“ und Christen, die wie der „einsame Reiter“ aus dem Nichts auftauchen und bald darauf wieder verschwinden – wir klappern eine Quelle der geistlichen Unterhaltung nach der anderen ab und bezeichnen unsere verschlungenen Pfade irrtümlich als „Führung des Herrn“.

Viele große Gemeinden in unserem Land (den USA) sind schon beinahe so etwas wie allwöchentlich stattfindende Publikumsveranstaltungen mit brillanten, professionellen Entertainern, die das Programm bestreiten. In vielen solcher Gemeinden gibt es unter der Woche zu wenig Jüngerschaft. Die Menschen unserer Generation wissen nicht, wie sie in der Gemeinde oder bei irgendeiner anderen Gelegenheit miteinander umgehen sollen, weil wir nur gelernt haben, mit dem Fernseher Gemeinschaft zu haben oder mit jemandem, der uns ein angemessenes Unterhaltungsprogramm bietet, während wir untätig dasitzen und zusehen.

Dadurch wird der Sinn sicher nicht der Trendsetter oder Zuchtmeister unserer inneren Triebe, sondern vielmehr der Diener des Herzens, der gehorsam alles rechtfertigt und bekräftigt, was das Herz fühlt. Also finden wir alle möglichen Entschuldigungen dafür, daß wir nicht mit anderen Gemeinschaft haben und uns nicht voll und ganz in einem Teil des Leibes Christi einbringen, der bei uns am Ort ist. Einigen dieser Entschuldigungen merkt man an, daß sie von klugen Köpfen erdacht wurden, andere wiederum sind schlicht und ergreifend dumm. Aber allesamt sind sie Irrgedanken, die direkt aus der Hölle kommen.

Mit das Schlimmste, was ich je gehört habe, war: „In der Gemeinde sind ja lauter Heuchler, also kann ich unmöglich hingehen.“ Immer wenn ich diese Ausrede höre, möchte ich den, von dem sie stammt, am liebsten packen und schütteln und zu ihm sagen: „Du bist der schlimmste Heuchler von allen! Du hochmütiger Pharisäer! Wenn du ein ehrlicher Christ sein willst, dann lerne es, Nachsicht mit deinen Geschwistern zu haben. Lerne, was es heißt zu vergeben. Lerne, was es heißt, den Zerschlagenen und Verlorenen beizustehen und sich selbst unter die Sünder einzureihen. Wie kannst du es wagen, dich von Gottes Volk abzusondern, so als ob du etwas Besseres wärst!“ Im Himmelreich hat diese Entschuldigung keinerlei Gültigkeit, und vor dem Thron des Herrn wird sie niemals Bestand haben.

Eine weitere beliebte Entschuldigung lautet: „Der Pastor spricht nicht mit mir und deshalb gehe ich nicht mehr hin.“ Vielleicht werde ich dieses Argument immer öfter hören, je größer meine Gemeinde wird. Mir scheint es jedoch ein Zeichen von Selbstsucht und Unreife zu sein. Eine Abwandlung desselben Einwands hört sich so an: „Der Pastor hat mich nie besucht.“ Doch ist das die Berufung eines Pastors? Oder sollte dieser Dienst nicht vielmehr in erster Linie vom Leib Christi übernommen werden, damit der Pastor freigestellt wird, um zu lehren und die Heiligen zuzurüsten, wozu er in Epheser 4,11ff berufen wird? Die Bibel sagt meines Erachtens nicht sehr viel darüber, daß sich der Pastor um jeden einzelnen in der Gemeinde kümmern und sich davon auffressen lassen sollte. Vielmehr sagt sie, der Pastor solle zurüsten und die Heiligen ausbilden, damit sie das Werk des Dienstes tun können (Eph 4,11ff). Pastoren sind nicht dazu berufen, an vorderster Front zu dienen, mit der Ausnahme, daß sie andere dorthin mitnehmen, um sie zu trainieren. „Der Pastor hat mich nie besucht" ist nur eine weitere Entschuldigung, die sich ein fleischlicher Sinn als Rechtfertigung dafür ausgedacht hat, daß er nicht bereit ist, mit dem Leib Christi eins zu werden.

Eine andere Entschuldigung, die ich gehört habe, war: „Ich kann einfach keinen Platz finden, wo es so richtig angenehm und bequem ist." Hat uns das Wort Gottes je veranlaßt zu glauben, eine Gemeinde solle ein Ort sein, wo das Leben „angenehm" und „bequem" ist? Preis dem Herrn, wenn es angenehm ist, doch das Entscheidende am Leben im Reich Gottes und an der Einheit mit Christus ist es zu lernen, die Sünder so zu lieben wie Christus sie geliebt hat, nämlich indem man sein Leben für sie hingibt. Auch wenn das zutiefst befriedigend sein kann, habe ich nur selten erlebt, daß es auch „angenehm" oder „bequem" ist.

Babys brauchen eine wohlige Atmosphäre, doch reife geistliche Menschen müssen aktiv im Dienst stehen. Wer diesen Einwand vorbringt, will damit in aller Regel sagen, es sei für ihn nicht sehr angenehm, sich irgendwo irgendjemandem unterzuordnen. Weder werde er sich mit *irgendeiner* Gruppe von Menschen eins machen, noch möchte er wirklich einen Platz finden, an dem er in verbindlicher Gemeinschaft leben kann. Sein fleischlicher Sinn hat sich Entschuldigungen für das ausgedacht, was sein Herz schon vorher empfunden hat.

Die dümmste Ausrede hört sich mal so und mal so an, doch normalerweise lautet sie in etwa folgendermaßen: „Ich gehe nicht in die Gemeinde, weil ich allein auf einem Berg besser anbeten kann als in einer Gemeinde!" Immer wenn ich diese Entschuldigung höre, möchte ich erwidern: „Warum bist du dann nicht jeden Sonntagmorgen allein auf einem Berg?" Wenn wir schon rebellisch sind, dann wenigstens *konsequent*! Wenn ich so jemanden an irgendeinem beliebigen Sonntagmorgen besuchen würde, säße er wahrscheinlich vor dem Fernseher und würde Fußball schauen, anstatt allein auf einem Berg – oder irgendwo anders – Gott anzubeten. Überdies werden wir in Hebräer 10,23-25 ermahnt:

> Laßt uns das Bekenntnis der Hoffnung unwandelbar festhalten – denn treu ist er, der die Verheißung gegeben hat –; und laßt uns aufeinander achthaben, um uns zur Liebe und zu guten Werken anzureizen, *indem wir unser Zusammenkommen nicht versäumen*, wie es bei einigen Sitte ist, sondern einander ermuntern, und das um so mehr, je mehr ihr den Tag herannahen seht (Hervorhebung vom Autor).

Gemeinschaftliche und persönliche Anbetung halten sich die Waage

Wie können wir denn unsere Brüder und Schwestern im Herrn ermutigen, wenn wir allein auf einem Berg sitzen? Verstehen Sie mich richtig: Ich persönlich gehe auch manchmal allein auf einen Berg, um Gott anzubeten. An einer privaten, persönlichen Zeit mit Gott ist nichts auszusetzen. Ja, um geistlich gesund zu sein, müssen sich in unserem Leben gemeinschaftliche und private Anbetung die Waage halten. Doch wir kommen vom Kurs ab, wenn wir unsere private, persönliche Anbetung zum Vorwand nehmen, um uns vor einem Engagement in der gemeinsamen Anbetung und der Gemeinschaft mit anderen im Leib Christi zu drücken. Gemeinsame Anbetung mit anderen Gläubigen am Tag des Herrn im Haus des Herrn ist ein göttliches Gebot und folglich *eine Frage der Herzenshaltung. Lernen wir es, biblisch zu denken und unsere Herzen an die biblische Wahrheit zu binden!*

„Nun, ich bin Teil des weltweiten Leibes Christi und besuche viele verschiedene Gemeinden! Ich bin eine Art Prophet für all diese Gemeinden und kann mich deshalb eigentlich nicht auf eine bestimmte festlegen." Wissen Sie, was ein Pastor über jemanden denkt, der von sich behauptet, ein Prophet für all diese verschiedenen Gemeinden zu sein? „O nein, Herr! Da kommt er schon wieder!" oder etwas in der Art.

Solche „Propheten“ kommen nicht mehr allzu oft in meine Gemeinde, da wir ihnen nicht erlauben zu sprechen. Welche Rolle Gemeinschaft und Unterordnung unter eine Autorität vor Ort spielt, haben sie nicht begriffen und wollen es auch gar nicht begreifen. Sie wollen eigentlich nur eins: auf Kosten anderer groß herauskommen und jene verdammen, die nicht auf sie hören. In Bezug auf den Leib Christi ist ihr Herz voll Sünde und ihr Sinn findet Mittel und Wege, um diese Sünde zu rechtfertigen. Sie wandern von einer Gemeinde zur nächsten und verletzen die Mitglieder mit falschen und oft verdammenden Worten, weil sie so das Gefühl haben, etwas Besonderes zu sein. Die Botschaften, die sie weitergeben, spiegeln im Grunde nur Urteile wider, die sie in ihren Herzen tragen, und nicht die Realität des ewigen Wortes Gottes. „Hütet euch aber vor den falschen Propheten, die in Schafskleidern zu euch kommen, inwendig aber sind sie reißende Wölfe. An ihren Früchten werdet ihr sie erkenncn“ (Mt 7,15-16a).

Betrachten wir uns nun die Aussagen der Bibel. Was hat das Wort Gottes über unsere Einheit und unsere Kooperation zu sagen? Es ist wichtig, die Antwort zu kennen, *da der Sinn größtenteils dadurch erneuert wird, daß man ihn so lange mit dem reinen Wort Gottes füttert, bis unsere Denkprozesse mit denen der Schrift übereinstimmen.*

Die Schrift spricht vom Sinn Christi, den alle Gläubigen empfangen haben. Die Passage stammt aus Epheser 4,11ff: „Und er hat die einen als Apostel (Gemeindegründung und -bau) gegeben und andere als Propheten („Bauaufsicht“ und Wachdienst auf dem Turm, der sieht, was der Herr tut, dafür betet und manchmal öffentlich spricht) und andere als Evangelisten (Einbringen neuer Gläubiger) und andere als Hirten und Lehrer (zwei Ämter, die sich um die Gläubigen kümmern), zur Ausrüstung der Heiligen für das Werk des Dienstes, für die Erbauung des Leibes Christi ...“

Geschickte, kunstfertige Diener

Im Griechischen steht für unser deutsches Wort „Ausrüstung“ *katartis*. *Kata* ist eine Vorsilbe, die alle mit ihr verknüpften Wortteile verstärkt. *Artis* ist der Grundstock des Wortfelds „Artist“, „artistisch“ oder „geschickt und kunstfertig“. Folglich ist es innerhalb des Leibes Christi die Aufgabe der Leiter, aus den Heiligen vollendete, geschickte und kunstfertige Diener zu machen und die Gläubigen so auszurüsten, daß sie in der Arbeit an ihrem „Werk" (Dienst) unübertrefflich geschickt und kunstfertig werden. Ich habe folgendes herausgefunden: Wenn ich in meiner Gemeinde an vorderster Front stehe und diene, nehme ich dadurch oft einem der Gemeindemitglieder seine ganz spezielle Aufgabe weg (es sei denn, ich habe andere bei mir, die ich schulen möchte). Ich bin nicht dazu berufen, den Dienst zu tun, sondern vielmehr, *andere darin zu schulen*.

„Erbauung" leitet sich aus dem griechischen Wortfeld *oikodome* ab. Dieser Begriff bedeutet so viel wie „Haus" oder „Hausgemeinschaft"; somit bedeutet das Wort „Erbauung" nicht nur, daß der Leib Christi wächst und die Einzelpersonen darin stärker werden, sondern auch, daß er eine starke „Hausgemeinschaft" wird.

Die „einsamen Reiter"

In meinem Herzen habe ich folgendes Bild von einer Hausgemeinschaft: Vater, Mutter und wir sechs Kinder leben zusammen ohne das Recht, voreinander wegzulaufen, und lernen, was erforderlich ist, um so etwas wie „Frieden" zu wahren, *da wir gar keine andere Wahl haben*. Wenn wir uns disziplinieren und diese Bibelstelle so lesen, wie Paulus sie strukturiert hat – nämlich daß die Erfüllung eines Punktes von der Erfüllung des vorhergehenden abhängt –, verstehen wir, daß der Leib Christi *nur durch Zusammenarbeit im Dienst* zu einer starken Hausgemeinschaft wird.

Wie in aller Welt sollen wir an diesem Prozeß teilnehmen, wenn wir „einsame Reiter" sind? Welche Entschuldigungen man auch hat, um kein Bündnis, keine Verbindlichkeit mit dem Leib Christi am Ort einzugehen – sie sind allesamt ungültig. Gott hat *uns alle* dazu berufen, geschickt und kunstfertig im Leib Christi mitzuwirken, in enger Gemeinschaft mit Brüdern und Schwestern im Herrn zusammenzuarbeiten, bis wir eine Hausgemeinschaft sind, bis unsere Herzen im gleichen Takt schlagen und dem Dienst und einander verpflichtet sind.

Ich erlebte, wie dieser Prozeß in einem weltlichen Rahmen funktioniert, als ich in meiner High School Zeit professionell

Rockmusik spielte. Alle Mitglieder unserer Band fingen gemeinsam an, ihr jeweiliges Instrument zu lernen; vier Jahre lang reisten wir dann durch drei Bundesstaaten der USA und zwei Provinzen Kanadas. Bevor diese vier Jahre zu Ende waren, kannten wir uns so gut, daß wir in „Jam-Sessions" oft eineinhalb Stunden ununterbrochen und ohne vorher zu üben miteinander spielten, und jeder instinktiv wußte, in welche Richtung die Musik ging, ohne seinen Nebenmann auch nur anzusehen. Das war nur möglich, weil wir viele Stunden miteinander verbracht und an unserer Musik gearbeitet hatten und sich jeder einzelne einem gemeinsamen Ziel verpflichtet hatte.

Im Leib Christi sollte es genauso sein, nur noch viel wunderbarer, weil uns ja die Macht des Heiligen Geistes zusammenschweißt und unsere Musik spielt! *Das Werk, das wir gemeinsam im Heiligen Geist vollbringen, bindet unsere Herzen zusammen*! Es liegt nicht an der Liebe des Pastors, der sich um ein „Schäfchen" nach dem anderen kümmert, nicht daran, ob man uns im Hauskreis nett behandelt, nicht daran, ob man mit den anderen auf derselben „Wellenlänge" liegt. Doch *haben Sie gemeinsam an dieser großartigen Aufgabe, nämlich dem Bau des Leibes Christi, gearbeitet*? Haben Sie gemeinsam mit Ihren Brüdern und Schwestern wie ein Mann für das Evangelium gekämpft? Gibt es für Sie noch etwas Wichtigeres?

Meine Frau Beth und ich sind keine gegenseitige Verpflichtung eingegangen außer der, daß wir zusammenarbeiten und Partner im Dienst sind. Sie ist nicht *verpflichtet*, mich glücklich zu machen oder irgendetwas für mich zu leisten, genausowenig wie ich für sie, auch wenn wir versuchen, uns in Jesus gegenseitig zu segnen und zu gefallen. *Was uns zusammen– und unsere Ehe auf Kurs hält, hängt nicht von unserer Fähigkeit ab, einander ein gutes Gefühl zu vermitteln*. Wir sind dankbar dafür, denn manchmal machen wir einander nicht sonderlich glücklich!

Die Arbeit, die wir gemeinsam um des Evangeliums willen tun, bindet uns zusammen, hält unsere Kommunikation aufrecht und läßt uns in dieselbe Richtung wachsen. *Die Aufgabe, die wir gemeinsam annehmen und verfolgen, macht uns zu einer Hausgemeinschaft*. Wir sehen, daß wir manchmal nicht in Einheit Christus dienen, auch wenn keiner von uns daran schuld ist. Doch mir geht es dabei nicht um das Bild einer irdischen Ehe.

Vielmehr schildere ich Beth und mich als Gleichnis für diesen viel größeren Ehebund zwischen dem Herrn und seiner Gemeinde. Ich sage es noch einmal: *Die Aufgabe, die wir gemeinsam als Volk Gottes annehmen und verfolgen, macht uns zu einer Hausgemeinschaft.*

Hingabe in einem Bündnis

„... Bis wir alle hingelangen zur Einheit des Glaubens und der Erkenntnis des Sohnes Gottes ..." (Eph 4,13). Weil wir gemeinsam arbeiten, werden wir in der Gemeinde zu einer Hausgemeinschaft; daraus folgt Einheit. Die Einheit wiederum bringt uns zu einer umfassenderen Erkenntnis des Sohnes Gottes. Auf der Grundlage dieses Wortes aus Epheser 4,13 werde ich nun etwas sagen, worauf in der Vergangenheit schon etliche sehr zornig reagiert haben. Wenn Sie nicht meiner Meinung sind, dann gehe ich davon aus, daß Sie die wahre Bedeutung des Wortes Gottes als Gegenargument vorbringen können.

Ohne verbindlich mit anderen Christen in einem Bündnis als Teil des Leibes Christi vor Ort zusammenzuleben und zu arbeiten, kann ein Christ, der den geistlichen Kinderschuhen bereits entwachsen ist, Jesus nicht kennenlernen. Ein Bündnis ist ein Abkommen *mit Gott* im Hinblick auf meine Glaubensgeschwister. Es ist keine Abmachung *unter uns Christen*, mit der wir uns gegenseitig binden und einengen. Außerhalb der Verbindlichkeit, wie sie in Epheser 4 beschrieben wird, können Sie Gott vielleicht kennen, so wie ein Baby seine Mutter kennt, aber Sie werden nie eine wirklich mündige und reife Beziehung *mit* ihm haben.

Kinder „kennen" ihre Eltern eigentlich gar nicht richtig. Sie haben nicht die Weisheit und das Wahrnehmungsvermögen, das man sich mit zunehmendem Alter und Lebenserfahrung aneignet. Mein Vater und ich können miteinander an diesem Buch arbeiten und unsere Unstimmigkeiten harmonisch regeln, weil wir nun schon etliche Jahre *als Erwachsene* im Dienst für den Herrn gemeinsam am gleichen Strick ziehen. Die Erfahrungen, die es uns ermöglichen, als gereifte Menschen Jesus kennenzulernen, können wir nur in einem Bündnis mit anderen Gläubigen machen, mit denen wir um des Evangeliums willen zusammenarbeiten.

Außerhalb dieser Verbindlichkeit bekommen wir vielleicht eine gewisse Vorstellung *von* Jesus oder entwickeln irgendwelche sentimentalen *Gefühle*, wenn wir an ihn denken, aber wir werden ihn nicht *kennen*. Erst wenn wir *mit* ihm gelebt und gearbeitet haben, lernen wir ihn wirklich kennen. *Doch wir arbeiten nur dann mit ihm zusammen und wohnen in seiner Hausgemeinschaft, wenn wir mit anderen Gläubigen im Leib Christi in unserer Stadt zusammenarbeiten und -leben.*

In der zweiten Hälfte von Epheser 4,13 heißt es: „… zur vollen Mannesreife, zum Vollmaß des Wuchses der Fülle Christi." Manche Leute haben tatsächlich schon zu mir gesagt: „Ich war einfach zu reif für die Gemeinden, in denen ich schon war." Was für eine Arroganz! Da möchte ich am liebsten schreien: „Bruder, du verstehst überhaupt nichts! Solange du nicht lernst, mit anderen zusammenzuarbeiten und mit ihnen eins zu werden, damit du Jesus erkennst, kannst du *nicht* geistlich reif werden!"

Römer 15,1 definiert geistliche Reife: „Wir aber, die Starken, sind verpflichtet, die Schwachheiten der Kraftlosen zu tragen und *nicht uns selbst zu gefallen*." Die Leute, die so etwas sagen, haben in ihrem Hochmut offenbar überhaupt nicht auf die Bibelstellen geachtet, in denen es heißt: „Denn wenn jemand meint, etwas zu sein, während er doch nichts ist, so betrügt er sich selbst" (Gal 6,3) und: „Seid gleichgesinnt gegeneinander; *richtet euren Sinn nicht auf die hohen Dinge*, sondern lasset euch in die Gemeinschaft mit den niedrigstehenden Leuten hinziehen; *haltet euch nicht selbst für klug!*" (Röm 12,16; ZÜ; Hervorhebungen vom Autor)

In Epheser 4 heißt es bis Vers 16:

> Denn wir sollen nicht mehr Unmündige sein, hin– und hergeworfen und umhergetrieben von jedem Wind der Lehre durch die Betrügerei der Menschen, durch ihre Verschlagenheit zu listig ersonnenem Irrtum. Laßt uns aber die Wahrheit bekennen in Liebe und in allem hinwachsen zu ihm, der das Haupt ist, Christus. Aus ihm wird der ganze Leib gut zusammengefügt und verbunden durch jedes Gelenk des Dienstes, entsprechend der Wirksamkeit nach dem Maß jedes einzelnen

> Teils; und so wirkt er das Wachstum des Leibes zu seiner Selbstauferbauung in Liebe.

Nennen Sie mir einen guten Grund, sich nicht in einer Gemeinde in Ihrer Stadt zu engagieren, der vor dieser Bibelstelle Bestand hat! Wir müssen unseren mit Fehlfunktionen behafteten Sinn mit solchen Worten füttern, damit unser erneuerter Sinn Grenzen ziehen kann, die Gott wohlgefällig sind und in denen unser Herz wachsen und gedeihen kann. *Sagen Sie nicht, Sie seien ein bibeltreuer Christ, wenn Sie nicht verbindlich in einer Gemeinde in Ihrer Stadt mitarbeiten!* Denken wir doch richtig – und das heißt *ausschließlich biblisch*!

Unterschiede akzeptieren

Vielleicht haben Sie auch folgendes Argument schon einmal gehört: „Ich kann einfach nicht allem zustimmen, was diese Gemeinde glaubt!" Lesen Sie Römer 14. Paulus wendet sich an jene, die darüber streiten, an welchem Tag man anbeten soll und welche Speisen Christen essen oder nicht essen sollen. In Sandfords Worten sagt Paulus: „Es ist mir gleich, an welchem Tag ihr anbetet! Es interessiert mich überhaupt nicht, was ihr eßt! Soll doch jeder für sich davon überzeugt sein, daß er tut, wozu Gott ihn berufen hat. Doch seid vorsichtig, daß ihr mit eurer Freiheit, Entscheidungen zu treffen, einen Bruder nicht zu Fall bringt. Wie auch immer ihr euch entscheidet – tut alles als dem Herrn und *hört auf, andere wegen ihrer Überzeugungen zu richten.*"

Geringfügige Differenzen in Fragen der Lehre sind unwichtig. Wir sollen in und wegen der Person Jesu zusammenkommen und alles zu seiner Ehre tun. Gott fordert von Ihnen nicht, daß Sie allem, was Ihre Gemeinde tut oder glaubt, zustimmen; aber er fordert von Ihnen, daß Sie sich im Dienst investieren und es für ihn tun. Und vor allem: Seien Sie demütig genug, um nicht von Ihrer Gemeinde zu verlangen, sie müsse in allen Punkten Ihrer persönlichen Lehre zustimmen!

„Ich kriege einfach keine geistliche Nahrung!" – eine weitere geistige Rechtfertigung des irregeleiteten Herzens (auch wenn Gott in seltenen Fällen tatsächlich ein sterbendes Schaf von einem Ort geistlicher Dürre wegholt). Doch in aller Regel gilt: Wenn Sie so stark (oder schwach) sind, daß Sie besonders hochwertige Nahrung brauchen, und wenn Sie sich dazu entschlossen haben, erst dann einer Gemeinde beizutreten, wenn Sie dort die einem Feinschmecker würdige geistliche Nahrung bekommen können, dann sollten Sie darüber nachdenken, ob Sie nicht vielleicht schon an geistlicher Fettsucht leiden. Vielleicht müssen Sie abnehmen, indem Sie Ihr Wissen in die Tat umsetzen! *Geben Sie jemand anderem Nahrung, und Sie bekommen selbst Nahrung!* Nur Babies und Kranke müssen gefüttert werden (Passiv). Erwachsene haben sowohl die Fähigkeit als auch das nötige Verantwortungsgefühl, sich selbst und anderen Nahrung zu geben.

„Ich werde in meinem Hauskreis überhaupt nichts mehr sagen, solange 'diese Person' da ist; bis sie weg ist, gehe ich besser gar nicht mehr hin." In Jakobus 5,16 heißt es: „Bekennet also einander die Sünden und betet füreinander, damit ihr Heilung erlangt" (Menge). Nur wenn der und der nicht da ist? Nein. Das Wort Gottes macht keine Einschränkungen. Ich kann keine finden, weder hier, noch sonstwo in der Heiligen Schrift.

Was macht es schon, wenn soundso etwas falsch versteht! Davon werden Sie nicht sterben. Vielleicht lernen Sie dabei sogar etwas über Nachsicht, Geduld und Vergebung. „Aber sie wird es jedem sagen!" Vielleicht, doch ist das so wichtig? Sie werden es überleben, und noch bevor das Ganze ausgestanden ist, hat sie den Schwarzen Peter in der Hand und nicht Sie. Es ist die gute Frucht in Ihrem Leben, daß Sie nichts mehr zu verbergen haben – wenn Sie die damit verbundene peinliche Situation und den Schmerz ertragen. Verborgene Sünden werden keine Macht mehr über Sie haben, weil ihnen endlich der Deckmantel heruntergerissen wurde. Und überhaupt: Gibt es etwas, das wir mit Recht vor den Blicken der anderen Erlösten verstecken müßten? Sind wir nicht alle Sünder, die alle durch dieselbe Gnade gerettet wurden?

„Es bringt mich auf die Palme, wenn ich Woche für Woche zuhören muß, wie diese Leute immer wieder über dieselben Dinge jammern; nie ändert sich was bei ihnen; wir geben ihnen immer wieder einen guten Rat, aber sie machen nichts daraus. Ich verstehe einfach nicht, warum sie nicht vorwärtskommen! Aus diesem Grund gehe ich nicht mehr hin." Solche Aussagen zeugen von Hochmut und der mangelnden Bereitschaft, sich um des Dienstes willen in andere hineinzuversetzen. Der Betreffende sagt damit eigentlich: „Ich bin besser als diese Narren, und ich hab' einfach keine Zeit für sie." Wo ist unser Einfühlungsvermögen innerhalb der Gemeinschaft geblieben? Stellte Jesus etwa nicht sein persönliches Verlangen und seine Vorlieben um anderer Menschen willen hinten an? Hatte er etwa keine Geduld mit jenen, deren Niedergeschlagenheit sie zu einer geistlichen Landplage macht? Sind wir etwa nicht berufen, genauso zu handeln?

Am schlimmsten ist es jedoch, wenn jemand über einen gewissen Zeitraum hinweg sein Inneres mit Urteilen darüber füllt, wie eine Gemeinschaft oder eine Gemeinde funktioniert, und dies dann in einem gewaltigen, erbitterten und verletzenden „prophetischen Wort" über den anderen ausschüttet. Solche Schmähungen scheinen immer irgendwie mit den Worten „So spricht der Herr" loszugehen, worauf dann diverse Anklagen folgen, wie z. B.: „Ihr folgt nicht dem Wehen des Geistes… Ihr betet nicht richtig… In dieser Gruppe reden wir nie, wie es sich gehört …" So geht es dann eine Zeitlang weiter, und die versammelten Gemeindemitglieder hören mit blankem Entsetzen zu, machen große Augen und stecken einen schmerzlichen Messerstich nach dem anderen ein.

In Wirklichkeit hat in den meisten Fällen das Herz des Sprechers angefangen, die anderen aus einer Haltung der Selbstgerechtigkeit heraus zu richten und zu verurteilen. Anstatt vom Herzen zu fordern, daß es den Aussagen des Wortes Gottes über Vergebung, Geduld und Fürsorge für die Schwachen gehorcht, geht der nicht erneuerte Sinn auf einen verletzenden Konfrontationskurs. Er geißelt die Gruppe wegen echter oder auch nur eingebildeter Sünden, und das noch dazu in einem Geist, der ganz eindeutig nicht von Gott ist. Die Gemeinde wird nicht nur verletzt, sondern auch verwirrt und reagiert negativ auf das, was man eigentlich nur als Angriff einstufen kann.

Der selbsternannte Prophet wiederum deutet die negative Reaktion der Gemeinde als Attacke auf ihn wegen seines göttlichen Ausspruchs und entwickelt infolgedessen einen hochmütigen Märtyrergeist: „Ich hab' nur das gesagt, was Gott mir aufgetragen hat." Sein fleischlicher Sinn schustert sich dann alle möglichen Vernunftgründe zusammen, nur um eine Rechtfertigung dafür zu haben, die Gemeinde zu verlassen. Korrektur nimmt er nicht an. Er hat nicht den Mut, die Frucht seines Tuns genauer zu untersuchen. Er stellt auch nicht die Frage, ob es sein Fehler gewesen sein könnte, daß liebe Brüder und Schwestern so verletzt wurden. Er kennt keine echte Selbstprüfung.

Ich glaube, daß im großen und ganzen die Einstellung des Leibes Christi zu Fragen der Gemeinschaft und der Autorität wie ein Gestank zum Herrn aufsteigt! Ich glaube nicht, daß irgendein Heiliger eine der genannten Herzenshaltungen oder Entschuldigungen vor dem Thron des Herrn vorbringen kann, ohne etwas anderes als eine geharnischte, zornige Zurechtweisung dafür zu ernten. *All unsere lächerlichen Vernünfteleien sind nichts anderes als die Weigerung, sich mit anderen Sündern eins zu machen oder in der Tiefe des Herzens ein wirkliches Risiko einzugehen.*

Das Herz möchte fliehen; der Sinn gehorcht und präsentiert zu diesem Zweck falsche Rechtfertigungen. Der erneuerte Sinn sollte sich stattdessen in vollem Umfang an die wahren Aussagen des Wortes Gottes über Vergebung, Nachsicht, Beharrlichkeit, Opferbereitschaft und Dienst am Schwachen klammern. Auf der Grundlage dieser Wahrheit sollte er das Herz auffordern, ein Werkzeug des Erbarmens und der Fürsorge zu werden.

Ordnet euch einander unter

„Ordnet euch einander unter in der Furcht Christi" (Eph 5,21). Was heißt das praktisch? Das bedeutet unter anderem, daß jeder einzelne Christ seine eigene persönliche Vision für einen Dienst der Vision der Gemeinde unterordnen sollte. Keine Gemeinde kann mit 120 widerstreitenden Visionen für ihren Dienst überleben.

Deshalb muß jede Gemeinde einer umfassenden Vision nachjagen, in die jede einzelne persönliche Vision für einen Dienst integriert werden kann. Dieselbe Unterordnung unter die umfassende Vision gilt auch für die verschiedenen Aufgaben, die die Gemeindemitglieder gemeinsam erfüllen, sonst leidet die Harmonie innerhalb der Gemeinde; man versucht verzweifelt alles mögliche und bleibt doch gelähmt wie ein Pferd, dessen vier Beine jeweils in eine andere Richtung laufen wollen. „Denn wo Neid und Eigennutz ist, da ist Zerrüttung und jede schlechte

Tat“ (Jak 3,16). Also ordnen wir uns der Vision unserer Gemeinde vor Ort unter, stellen uns darauf ein und bringen uns ein.

Damit will ich natürlich nicht sagen, man solle sein Recht, eigenständig zu denken, aufgeben, um in die Vision der Gemeinde vor Ort hineinzupassen. Ich meine damit auch nicht, daß wir unser Recht, Fragen zu stellen oder Einwände vorzubringen, aufgeben sollten. Keiner von uns sollte es zulassen, daß er seine eigenen persönlichen Visionen für einen Dienst aufgibt. *Nirgendwo im Wort Gottes wird Autoritätspersonen das Recht zugestanden, das Leben einzelner Mitglieder des Leibes Christi zu dominieren und zu kontrollieren.* Ich bestehe jedoch auf der Ansicht, daß jeder einzelne von uns bestimmte Anpassungen vornehmen muß, um effektiv Hand in Hand mit anderen arbeiten zu können.

Anderen zuhören

Unterordnung heißt auch, daß ich zuhören muß, wenn meine Brüder und Schwestern etwas *über mich* zu sagen haben. So reicht es zum Beispiel nicht, daß ich darüber lamentiere, ich sei ein mißverstandener Prophet und daraufhin weglaufe, um einen anderen Wirkungskreis zu finden. Gott gesteht mir dieses Recht nicht zu. Ich muß *zuhören*, wenn Geschwister mir etwas sagen. Es kann in der Tat geschehen, daß Gott mich von einem bestimmten Ort fortruft, doch erst, nachdem ich zugehört habe (und normalerweise nicht einmal dann). Das Buch der Sprüche ist voll von Ermahnungen, die Korrektur und Tadel als Lebensstil darstellen. „Wer Zucht fahren läßt, verachtet sich selbst; wer aber auf Zurechtweisung hört, erwirbt Verstand“ (Spr 15,32).

Die Ältesten meiner Gemeinde sind bekannt dafür, daß sie mich an Sonntagen, an denen ich mir fest vornehme, am Gottesdienst teilzunehmen, auch wenn ich zu krank dafür bin, wieder nach Hause schicken. Gott fordert von mir, mich meinen Brüdern unterzuordnen. Ich muß ihnen zuhören, auch wenn ich eines Fehlverhaltens bezichtigt werde oder jene meinen Plänen und meiner Lehre widerstehen, die mich gar nicht richtig verstanden haben.

Beim Zuhören stelle ich womöglich fest, daß meine ursprüngliche Position gestärkt oder geläutert wird. Diese gute Frucht wäre nicht entstanden, wenn ich nicht herausgefordert worden wäre. Kranke und Verwirrte klagen mich vielleicht zu Unrecht an, doch wenn ich zuhöre und mit dem Gesagten ringe, entdecke ich eine Art und Weise, wie ich mich besser verständlich machen kann. Oder vielleicht werde ich weiser und lerne, wie ich es in Zukunft vermeiden kann, mich mißverständlich auszudrücken. Auch das ist eine gute Frucht.

Dann gibt es Ermahnungen meiner Geschwister, die durchaus berechtigt sind. Wenn ich mich ihnen verschließe, sündige ich weiter und mache weiterhin dieselben Fehler. Zu viele von uns wenden dem Leib Christi den Rücken zu, wenn Konfrontationen auftauchen; ich habe jedoch herausgefunden, daß solche Situationen für mich immer auch etwas Gutes haben.

In unserer Gemeinde hatten wir eine Zeitlang einen Mann, der sich in sehr gesetzlicher Weise dem alttestamentlichen Gesetz verpflichtet sah und wollte, daß ich die Gemeinde in diesem Stil lehre. Eine Woche nach der anderen saß er mir im Nacken, ja es ging sogar so weit, daß er bei der Kollekte zornige Bemerkungen auf die Umschläge mit dem Geld schrieb und meine Predigten kritisierte. Ich bin absolut der Meinung, daß das Gesetz immer noch Wort Gottes ist und daß Jesus das Alte Testament nicht aufgehoben hat (Mt 5,17ff), doch wenn wir unter dem Gesetz als Rechtssystem leben, entstehen Probleme, wie jeder, der sich mit der Gnade im Neuen Testament beschäftigt hat, leicht erkennen kann.

Unser gesetzlicher Bruder lag falsch – wiederum, weil sein Sinn dem verborgenen Verlangen seines Herzens, anderen die Schuld in die Schuhe zu schieben und sie zu verurteilen, diente. Ich hätte mich verteidigen können – was ich auch oft tat –, doch Gott forderte mich auf, mich meinen Geschwistern unterzuordnen und ließ es nie durchgehen, daß ich mich dieser Verpflichtung für längere Zeit entzog. Aus diesem Grund sah ich mich gezwungen, mich meinem Bruder im Herrn unterzuordnen, indem ich ihm zuhörte. Das hatte zur Folge, daß ich das alttestamentliche Gesetz noch einmal mit großem Gewinn unter die Lupe nahm. Ich fand neue Gesichtspunkte, doch ohne den Schubs dieses Bruders, der auf dem Holzweg war, hätte ich das nie getan. Angesichts seines falschen Denkens sagte Gott etwas zu mir, dem ich mich unterordnen mußte.

Was tun Sie, wenn jemand Sie anklagt, Sie seien eine kritiksüchtige Klatschbase, Sie jedoch wissen, daß Sie das nicht sind und auch nie waren? Sie wissen ja, daß Gott Sie dazu berufen hat, sich Ihren Geschwistern unterzuordnen. Also wie reagieren Sie? Wenn Sie sich in biblischer Art und Weise unterordnen, werden Sie prüfen, was Sie mit Ihrer Zunge getan haben; Sie werden sich so eingehend damit beschäftigen, daß diese zu einem viel reineren Instrument wird, als sie es je zuvor war – auch wenn die Anklage vielleicht wirklich ungerechtfertigt war. Ihre Rede wird dann noch mehr „mit Salz gewürzt" sein.

Als ich in den vergangenen Jahren darüber nachdachte, wie ich Christus ähnlicher werden kann – wie das Kreuz in meinem Leben Anwendung finden kann zur geistlichen Erneuerung meines Sinnes in der Kraft der Auferstehung –, habe ich gelernt, die Korrektur meiner Brüder und Schwestern im Leib Christi mehr zu schätzen als alle anderen irdischen Dinge. Ihre Ermutigungen, ihr Tadel, wenn ich sündige, ja sogar ihre ungerechtfertigten Anklagen – all das dient dazu, meine Fähigkeit, das Wort Gottes mit Ausgewogenheit und Objektivität zu betrachten, in die rechten Bahnen zu lenken und zu stärken, damit ich mein Herz noch effektiver durch einen vom Geist Gottes erneuerten Sinn leiten kann. Ich bin nicht immer begeistert darüber, was sie tun und zu mir sagen, aber ich habe beschlossen anzunehmen, was sie für mich haben, gleichgültig, in welcher Form sie es mir präsentieren.

Durch meine lieben Brüder und Schwestern – und auch durch meine nicht ganz so lieben Brüder und Schwestern – spricht Jesus selbst zu mir und weist mir den Weg! *Ein „einsamer Reiter" wird nie ausgeglichen im Wort Gottes ruhen, das Zusammenspiel zwischen seinem Sinn und seinem Herzen wird nie recht funktionieren.* Gott hat es so gewollt und gemacht, daß wir uns gegenseitig „... in aller Weisheit lehr(en) und ermahn(en), mit Psalmen, Lobliedern und geistlichen Liedern ...", während „... das Wort des Christus reichlich in (uns wohnt)" (Kol 3,16).

In einem beziehungsfreien Raum ist keine dauerhafte Heilung möglich. Jeder Bund zwischen Gott und den Menschen, von dem in der Bibel die Rede ist, ist eine Definition der Beziehung zwischen dem Göttlichen und dem Menschlichen. Entsprechend dazu bestimmt die Beziehung zwischen Gott und der Menschheit die Beziehungen unter den Menschen. Ich stehe in einer Bündnisbeziehung mit Gott; infolgedessen liebe ich meinen Nächsten. Unser Herz fürchtet sich oft vor Beziehungen, weshalb unser Sinn immer wieder wohllautende theologische Entschuldigungen dafür erfindet, daß wir uns ihnen entziehen können.

Das Zusammenspiel von Heiligung und Beziehungen

In der Bibel sind Heiligung und Beziehungen immer eng miteinander verknüpft, d. h. Heiligung spiegelt sich darin wieder, wie wir einander behandeln und aufeinander reagieren. Wenn nun jemand ein heiliges Leben führen möchte, kommt er nicht umhin, in dauerhaften Bündnisbeziehungen zu leben. Der ganze erste Brief Petrus beinhaltet Lehre über Heiligung. Gleich als erstes sagt Petrus in Bezug auf Heiligung, daß wir einander innig und von Herzen lieben sollen (1. Petr 1,22). Liebe lebt in Beziehungen. Jemand sagt vielleicht: „Ich muß keiner Gemeinde angehören, um Christ sein zu können", doch wie wollen Sie jemanden im Rahmen einer Beziehung lieben, so wie Christus es geboten hat, wenn Sie keine Beziehung *mit* anderen Christen haben?

Später weist Petrus uns an, alle Bosheit abzulegen (1. Petr 2,1). Was ist Bosheit anderes als der Ausdruck einer verkehrten Beziehung? Haß braucht ein Ziel! Wenn wir hassen, hassen wir andere Menschen! Das ist auch eine Art der Beziehung. Wenn wir nun alle Bosheit ablegen sollen, ist es dann nicht so, daß die Bibel von uns *verlangt*, zu liebevollen Beziehungen mit den Menschen zurückzukehren, die wir vorher gehaßt haben?

Im weiteren lehrt Petrus fast eineinhalb Kapitel lang über die Unterordnung unter menschliche Autoritäten, angefangen bei der Regierung bis hin zu Familienstrukturen. Wie begründet er diese Unterordnung? „Daß ihr... die Unwissenheit der unverständigen Menschen zum Schweigen bringt" (1. Petr 2,15). In dieser Passage richtet sich sein Augenmerk erneut auf die anderen. Wiederum geht es um Beziehungen. Petrus erinnert uns an die Art der Beziehung, die wir mit unverständigen Menschen haben und an unsere Verantwortung und unsere Vorbildfunktion für sie.

Nachdem wir uns nun *Beziehungen* betrachtet haben, gehen wir im folgenden auf einige Bereiche ein, in denen unsere Einstellung zur *Autorität* erneuert werden muß (wiederum handelt es sich dabei um Haltungen und Urteile in unserem Herzen, die vom fleischlichen Sinn gerechtfertigt werden).

Rebellion

Erstens: In vielen von uns wurde durch die elterliche Erziehung Rebellion angefacht und gefördert. Folglich fällten wir das Urteil, Autorität sei unsensibel und unvernünftig, sie halte ihre Versprechen nicht und mißbrauche ihre Macht. Deshalb kamen wir zu dem Schluß: „Ich werde mich keiner Art von Autorität unterordnen!" Daraufhin hat unser fleischlicher Sinn Rechtfertigungen vorgebracht, die erforderlich sind, um das Urteil aufrechtzuerhalten, das unser Herz bereits gefällt hatte. Ein am Geist Gottes orientierter Sinn hätte dem rebellischen Herzen die richtige Richtung vorgeben und sich um Heilung bemühen sollen.

Schon öfters habe ich eine andere Rechtfertigung für Rebellion gehört, die sich vermeintlich logischer und auch theologischer anhört: „Ich ordne mich nur Jesus unter. Deshalb muß ich mich sonst keinem Menschen mehr unterordnen!" Diese Aussage beinhaltet gerade genug Wahrheit, um auf sie einzugehen und somit in die Irre zu laufen; doch wenn man sich das Bild als Ganzes betrachtet, entspricht sie nicht den Aussagen der Bibel. Das Wort Gottes sagt, wir sollen uns jeder menschlichen Institution und unseren Gemeindeleitern unterordnen als denen, die für unsere Seelen Rechenschaft ablegen müssen (1. Petr 2,13-25; Hebr 13,17). Es stimmt schon, daß ich mich allein Jesus unterordnen muß und menschlichen Leitern nicht blind und devot folgen darf, doch das ist nicht die ganze Wahrheit. Wir müssen lernen, die Schrift im Geist und in dem von Gott vorgegebenen Textzusammenhang anzuwenden.

Eine dritte Herzenshaltung, die mit rationalen Argumenten gestützt wird, lautet: „Wenn ich mich einer Autorität unterordne, gehe ich dabei unter", *so als ob Autorität und Überlegenheit dasselbe wären.* „Er ist keinen Deut besser als ich. Also brauch' ich auch nicht auf ihn zu hören!" Anscheinend hat sich unsere Gesellschaft insgesamt dieser irrigen Vorstellung von Überlegenheit und Unterlegenheit verschrieben. Unzählige Menschen gehen diesem Trugschluß auf den Leim und leben mit dessen zerstörerischen Auswirkungen, so als ob es sich dabei um eine ansteckende Krankheit handle. Das ist eine der Wurzeln, die uns den Zwang verspüren läßt, unsere Leiter abzusägen.

Göttliche Autorität dient und gibt ihr Leben für diejenigen hin, die ihr anvertraut sind. Zweitens: *Autorität hat nichts mit der Wertigkeit einer Person zu tun*, sondern lediglich mit einer Position und einer Ordnung und mit der Salbung durch die Gnade Gottes. Infolgedessen ehren wir Autoritätspersonen als Sünder, die wie wir selbst aus Gnade gerettet wurden. Sie sind ganz normale Menschen, die nun mal dazu berufen sind, in ihrem Dienst an einem besonders neuralgischen Punkt zu stehen, wo einem ihre Fehler sofort ins Auge stechen. Wir könnten wenigstens deshalb ein bißchen Mitgefühl mit ihnen haben!

Eine vierte Haltung ist darauf zurückzuführen, daß viele von uns als Kinder von ihren Eltern mißhandelt wurden. Mißhandelte Kinder lassen es oft nicht zu, von einer Autorität beschützt oder verteidigt zu werden, noch viel weniger, daß man Autorität über sie ausübt (auch im Kindesalter). Ihr Urteil sagt: „Autorität wird mich mißhandeln und deshalb werde ich tun, was ich kann, um ihr zu entkommen und sie im Regen stehenzulassen. Ich werde so lange gegen Autorität Krieg führen, bis ich Reaktionen hervorrufen kann, die beweisen, wie dumm sie doch ist."

Lassen Sie einen solchen inneren Schwur auf eine Gemeinde los und Sie werden erleben, was für katastrophale Folgen er hat! Ist ein Teil des Leibes Christi erst einmal eifrig dabei zu beweisen, daß seine Leiterschaft nicht rechtschaffen ist, wird daraus in den meisten Fällen ein wahres Gemetzel. Man braucht nicht lange, um heilige und rechtschaffene Männer Gottes zu demontieren und gleichzeitig auch noch eine Reihe von unschuldigen „Schäfchen" niederzumähen, deren Glaube in der darauffolgenden Verwirrung und Desillusionierung Schiffbruch erleidet.

Mittlerweile sind wir so weit, daß wir in Menschen in leitender Position keine menschlichen Wesen mehr sehen. Mit morbider Schadenfreude feiern wir die Enthüllung einer Sünde, die eine leitende Persönlichkeit in der Vergangenheit begangen hat! Einerseits geht es mit den grundlegenden Moralvorstellungen unseres Volkes so sehr abwärts, daß kein Hahn mehr danach kräht, wenn ein Paar vor der Ehe zusammenlebt, andererseits haben wir erst vor kurzem einen Mann aus seiner Kandidatur für das Präsidentenamt hinausbugsiert, weil wir auf seinem Schoß eine Frau gesehen haben, die nicht seine Frau war (ich glaube nicht, daß unmoralische Menschen im Weißen Haus das Sagen haben sollten. Ich weise lediglich auf unsere Scheinheiligkeit und Doppelzüngigkeit hin).

Während man inzwischen Marihuana allgemein als „sichere" Freizeitdroge betrachtet (was sie nicht ist), haben wir einen potentiellen neuen Verfassungsrichter für amtsunwürdig erklärt, weil er vor mehr als zehn Jahren ein oder zweimal Gras geraucht hat! Hätte dies den Hintergrund, daß wir uns ernsthaft Sorgen machen, ob rechtschaffene Leute in leitenden Positionen stehen, könnten wir alle froh darüber sein; doch in Wirklichkeit bezeichnen wir diese Herzenshaltung als „rechtschaffen", weil unser Sinn auf diese Weise die Auswüchse unseres maroden Herzens rechtfertigt und kaschiert.

Es widert mich an, wie wir mit Menschen in leitender Position umspringen, sowohl innerhalb des Leibes Christi als auch außerhalb. Als ich dieses Kapitel schrieb, erinnerte mich mein Vater an eine landesweit ausgestrahlte Talkshow, an der Präsident Reagan teilnahm. Er sprach über ein unmittelbar bevorstehendes Gipfeltreffen und über seine Hoffnung, dort mit Herrn Gorbatschov Abrüstungsverträge unterzeichnen zu können. Sofort sagten einige Erzkonservative, sie seien mit seinen Bestrebungen nicht einverstanden, was ja auch ihr gutes Recht ist. Doch einige von diesen Männern gingen noch einen Schritt weiter, beschimpften ihn und nannten ihn einen „schwachen Mann mit einer starken Frau". Diese Art von Respektlosigkeit gegenüber leitenden Persönlichkeiten ist durch und durch verwerflich und eine Schande für unser Land!

Seit ungefähr zehn Jahren grassiert eine Seuche: Überall findet man verausgabte und kaputte Pastoren. Zum ganz großen Teil ist der Leib Christi mit seiner kranken Einstellung zur Autorität daran schuld. Fast hat es den Anschein, als ob wir uns erst dann sicher fühlen, wenn wir etwas haben, das wir gegen unsere Leiter vorbringen können. Ich kenne keine national oder regional bekannte Autoritätsperson innerhalb oder außerhalb der Gemeinde, die nicht unter diesem Druck stehen würde. Unsere

Haltung der Respektlosigkeit gegenüber Autorität hat uns so abartig gemacht, daß wir, wenn wir keine echten Sünden oder Charakterfehler finden können, selbst welche erfinden und damit die Position jeder beliebigen Autoritätsperson schwächen.

Das ist eine Möglichkeit, ein Gefühl der Kontrolle über jemanden zu bekommen, der eine Machtposition besetzt. Wir stellen utopische Forderungen und hassen unsere Leiter, weil sie nicht in der Lage sind, darauf einzugehen. Wir heben sie in den Himmel und hassen sie, weil sie so hoch oben sind. Daraufhin beschließt unser fleischlicher Sinn, der sündhafte, gehorsame Diener des Herzens, daß die Leiter nicht rechtschaffen sind, weil sie unsere Forderungen nicht erfüllen können. Unser Herz findet oder erfindet Fehler und unser Sinn, der alte Pharisäer, liefert dazu den passenden Rahmen und die Rechtfertigung.

In den Anfangsjahren unserer Gemeinde war es einigen Leuten ein großes Bedürfnis, mich zu stürzen. Einen Angriff gründeten sie auf die Maxime, ein Pastor solle sich um seine „Schäfchen" kümmern; doch auf ihrer Liste, was ein fürsorglicher Pastor alles zu tun habe, erschien auch die Forderung, er müsse *alle* Kinder *aller* Gemeindemitglieder *namentlich* kennen. Ich habe kein sonderlich gutes Namensgedächtnis und brachte die vielen Kinder immer wieder durcheinander. Für diese Leute war das die notwendige Rechtfertigung, um zu dem Schluß zu kommen, ich kümmere mich nicht um die Gemeinde und sei somit ein schlechter Hirte! „Unser Pastor kennt nicht alle Kinder mit Namen, also liebt er uns nicht." Meinen Vater stempelte man als Rebellen und schlechten Pastor ab, weil er zu seinem Talar nicht immer schwarze Socken trug! Noch dazu arbeitete er barfuß im Garten – „Wie kann man nur!" *Um einen Pastor zu Fall zu bringen, ist jeder Vorwand gut genug!*

Ein Pastor ist auch nur ein Mensch und hat Schwächen wie alle anderen. Wenn seine Beziehung nicht zu allen Menschen gleich gut ist, dann haben Sie die Wahl: Sie können all das tun, was Ihnen ihr Herz diktiert, und ihn verurteilen, während Sie die Verurteilung mit Ihrem nicht erlösten Sinn rechtfertigen; oder Sie können Ihr Herz anweisen, sich bestimmte Fragen zu stellen: „Warum hat er diese Schwierigkeiten? Wie kann ich ihn besser verstehen? Wie kann ich ihn ehren und seine Position stärken?

Wie kann ich mein Herz zu einem Instrument des Mitgefühls für ihn machen, dessen Autorität ich untergeordnet bin?“

Weil wir nicht gelernt haben, unser Herz in Bezug auf Autoritätspersonen von einem erneuerten Sinn regieren zu lassen, haben wir selbst die Fähigkeit verloren, in guter Art und Weise Autorität über andere auszuüben. Oft geschieht dies in der Kraft unserer eigenen nicht erlösten Emotionen und nicht in der Gerechtigkeit des Wortes Gottes. Autorität kann nur dann richtig ausgeübt werden, wenn der erneuerte Sinn objektiv die Wahrheit erkennt und das Herz zu Taten auffordert, die mit dieser Wahrheit übereinstimmen. *Wenn der Sinn dem Herzen nicht befehlen kann oder will, um anderer Menschen willen zu sterben, verwandelt sich Autorität in Herrschaft und Kontrolle.* Sich selbst überlassen wird das Herz unweigerlich danach trachten, andere aus selbstsüchtigen Motiven heraus zu manipulieren. Der fleischliche Sinn liefert ihm dazu das nötige Handwerkszeug.

Manch einer verwechselt Zorn mit Stärke und schreit seine Familienmitglieder an oder unterdrückt sie mit Wutausbrüchen und glaubt, auf diese Weise seinen von Gott gegebenen Auftrag als Haupt auszuüben. *Er verwechselt starke Gefühle mit Autorität oder Vollmacht.*

Wenn die Familie darauf nicht reagiert, wird er nur noch zorniger und benützt seinen nicht erlösten Sinn, um sein Verhalten zu rechtfertigen, indem er protestiert: „Ich versuche wirklich, ganz sanft zu sein, doch nichts von dem, was ich sage, wird respektiert!“ Das ist eine Lüge. Er wurde deshalb nicht respektiert, weil er seine Autorität zu oft im Zorn ausgeübt hat. *Autorität kann nur dann in einer gesunden Art und Weise ausgeübt werden, wenn das Herz dem erneuerten Sinn gehorcht und dieser richtig funktioniert, also die Entscheidungen trifft und das Herz auffordert, ein Werkzeug des Mitgefühls zu werden.*

Gefühle sind keine Wahrheit. Wahrheit ist die objektive Realität des Wortes Gottes, das Ereignisse in der realen Welt beleuchtet. Wahrheit ist Wort Gottes, das sagt: „Eines Mannes Zorn wirkt nicht Gottes Gerechtigkeit“ (Jak 1,20). Binden Sie Ihr Herz an diese Wahrheit. Machen Sie es gehorsam, indem Sie sich für ein rechtschaffenes Verhalten entscheiden, gleichgültig, ob Sie unter Autorität stehen oder selbst Autorität ausüben.

Teil III

Die Lösung

10

Nach deinem Wort …

> Wodurch hält ein Jüngling seinen Pfad rein? Indem er sich bewahrt nach deinem Wort. Mit meinem ganzen Herzen habe ich dich gesucht. Laß mich nicht abirren von deinen Geboten! In meinem *Herzen* habe ich dein Wort *verwahrt*, damit ich nicht gegen dich sündige (Ps 119,9-11; Hervorhebungen vom Autor).

> Wunderbar sind deine Zeugnisse, darum bewahrt sie meine Seele. Die Eröffnung deiner Worte leuchtet, *sie gibt Einsicht den Einfältigen. Ich habe meinen Mund weit aufgetan und gelechzt, denn ich sehne mich nach deinen Geboten.* Wende dich zu mir und sei mir gnädig nach dem Anrecht derer, die deinen Namen lieben! *Befestige meine Schritte durch dein Wort*, und gib keinem Unrecht Macht über mich! Erlöse mich von der Bedrückung durch Menschen, und ich will deine Vorschriften einhalten. Laß dein Angesicht leuchten über deinen Knecht, und lehre mich deine Ordnungen! *Wasserbäche fließen herab aus meinen Augen, weil man dein Gesetz nicht hält* (Ps 119,129-136; Hervorhebungen vom Autor).

> Im übrigen, meine Brüder, was wahrhaftig, was ehrbar, was gerecht, was keusch, was liebenswert, was wohllautend, was irgend eine Tugend oder ein Lob ist, *dem denket nach* (Phil 4,8; Schlachter; Hervorhebung vom Autor).

Die meisten Schritte zur Entthronung des fleischlichen Sinnes und zur Befestigung des erneuerten Sinnes sind bereits beschrieben worden. Im ersten Kapitel zeigten wir auf, daß wir es lernen müssen, Gefühlen und Denkweisen, die schon seit langem gekreuzigt sind, keinen Glauben mehr zu schenken und sie somit auch nicht mehr zu neuem Leben zu erwecken, wenn sie in unserem Sinn und in unserem Herzen wieder auftauchen. Denkweisen und Gefühle, die bereits gekreuzigt sind, *werden unweigerlich* wieder lebendig werden; doch wenn wir uns gegen sie entscheiden und ihnen keine Nahrung geben, werden sie bald nachgeben und verschwinden. Eine weitere Botschaft aus Kapitel 1, die sich aus eben Gesagtem ableitet, lautet: Wir sollten uns nicht in einen Kampf mit wiederkehrenden Gefühlen und Gedanken verwickeln lassen, damit diese durch den Konflikt nicht erneut die Möglichkeit bekommen, in unserem Leben ins Rampenlicht zu rücken; wenn sie einmal gekreuzigt sind, sollten wir sie ignorieren und ihnen somit das Lebensrecht verweigern.

Im zweiten Kapitel wiesen wir darauf hin, daß einige Gefühle und Gedanken *tatsächlich* unsere ureigensten Gefühle und Gedanken sind; also müssen wir zwischen alten, toten und realen, gegenwärtigen Regungen unterscheiden lernen. Das wichtigste Unterscheidungskriterium: Alle alten Gefühle und Gedanken, die uns wieder plagen, obwohl sie schon gekreuzigt sind, haben keine Kraft und Begeisterungsfähigkeit mehr, erlangen sie jedoch wieder, wenn wir ihnen Glauben schenken und uns dafür entscheiden, nach ihrer Vorgabe zu handeln. Die Lektion dieses Kapitels lautet: So wie der Herr heilt, werden Gefühle und Gedanken, die schon lange tot sind, *unweigerlich* wiederauferstehen; folglich müssen wir verstehen, wie und warum das geschieht, und die Fähigkeit des Herzens und des Sinnes, die Schalthebel unseres Lebens wieder in die Hand zu nehmen, fürchten lernen – diese heilige Furcht ist der Anfang der Weisheit.

Die Hauptaussage des dritten Kapitels: Wir müssen den Entschluß fassen, diszipliniert zu leben und beharrlich zu beten. Die Disziplin beginnt im Kopf: „Ich werde mir *nicht* zugestehen, etwas zu fühlen, zu denken oder zu tun, was Jesus nicht fühlen, denken oder tun würde." Positiv formuliert heißt es dann: „Ich *werde* fühlen, denken und tun, was Jesus fühlen, denken und tun würde."

Zweitens: Die Entthronung des fleischlichen Sinnes ist eine Frage des beharrlichen Gebets. Es heißt ja auch nicht: „Wie oft kehr' ich zurück zu dir, köstliches Eineinhalb-Minuten-Gebet!", sondern: „Wie oft kehr' ich zurück zu dir, köstliche Stunde des Gebets!" – tagtägliches Gebetsleben, nicht nur Stoßgebete, sondern beharrliche Fürbitte für andere zur Erfüllung der Ziele Gottes.

In Kapitel 3 sagten wir, das stärkste Mittel gegen den Hang des fleischlichen Sinnes, in unserem Leben wieder das Ruder in die Hand zu nehmen, sei nichts anderes als ein Leben des engagierten, beharrlichen Gebets.

Im vierten Kapitel ging es zunächst darum, alle Christen zu ermutigen, in einen Hauskreis zu gehen und dort offener, verletzbarer und gemeinschaftsfähiger zu werden. Wenn wir anderen nicht gestatten, uns die nackte Wahrheit zu sagen, wird unser trügerischer Sinn früher oder später einen Weg finden, das Fleischliche in uns wieder an die Macht zu bringen. Wir müssen lernen, in Demut unseren Geschwistern im Herrn zuzuhören.

Der zweite Hauptpunkt dieses Kapitels war der Aufruf zum aufopferungsvollen Dienst. Nur wenn wir unser Leben im Dienst hingeben, lernen wir es, den Sinn Christi, der in uns wirkt, zu erkennen und zu lieben.

Teil II dieses Buches betrachtete die tiefen Schichten der Problematik, wie der regierende fleischliche Sinn entthront und der neue Sinn an die Macht gebracht werden kann. Die Kapitel 5 bis 7 enthüllten den tiefliegenden Wirkungskreis von ererbten und erworbenen Wurzeln und Prägungen, die wir unerbittlich immer wieder ans Kreuz bringen müssen, wenn wir in Christus frei werden wollen, um seinen Weg zu gehen.

Die Botschaft dieser Kapitel wurde viele Male wiederholt: Sich nur anzustrengen, um andere, neue Gedanken und Gefühle zu bekommen, wird nur wenig nützen; alles in uns muß *durch unser aktives Eingreifen Tag für Tag* seinen vollständigen Tod am Kreuz finden. Diese Kapitel sind der Versuch, uns bewußt zu machen, welche ererbten und erworbenen gewohnheitsmäßigen Gefühle und Denkweisen wir im Gebet töten müssen.

Kapitel 8 beinhaltete eine Lehre von Loren, in der die Funktionen von Sinn und Herz voneinander abgegrenzt werden und die zerstörerischen Auswirkungen aufgezeigt werden, wenn wir dem Herzen oder unseren Gefühlen erlauben, anstelle des in Christus erneuerten Sinnes in unserem Leben die Entscheidungen zu treffen. Loren betonte, daß wir es lernen müssen, uns selbst unter die Regentschaft des Heiligen Geistes zu bringen, durch das Diktat unseres erneuerten Sinnes und nicht durch unsere fleischlichen Gefühle und... daß wir dieser Zucht lieber aus dem Weg gehen.

Kapitel 9 übertrug diese Offenbarung auf viele Bereiche unseres täglichen Lebens und wies darauf hin, welche Defekte auftreten, wenn wir unseren Gefühlen erlauben, sich über das zu erheben, was unser erneuerter Sinn vor Gott als richtig erkannt hat.

Ich wiederhole diese Kapitel nicht nur deshalb, weil ich Ihnen im Überblick vor Augen führen möchte, was wir bisher gelernt haben, sondern auch, um einige entscheidende Fragen zu formulieren, die vielleicht jetzt in uns auftauchen: „Warum können diejenigen unter uns, die all das bereits getan haben, nicht beständiger und treuer an Christus festhalten?" Oder: „Was fehlt uns noch, angesichts dessen, daß so wenige die Schlacht dort gewinnen, wo es wirklich darauf ankommt, nämlich in den Tiefen des Sinnes?" Es sind nur äußerst wenige, die den Kampf gewinnen, wenn die alten fleischlichen Gefühle und Gedanken wieder auftauchen. „Warum?"

Ich beklage mich nicht. Vielmehr formuliere ich es so drastisch, um mit Nachdruck darauf hinzuweisen, daß etwas Entscheidendes fehlt.

Die von Gott beabsichtigte Wirkung seines Wortes auf unser Leben

Ich glaube, daß wir zwei essentielle Elemente in unsere Diskussion mit einbeziehen müssen. Das zweite ist Thema des nächsten und letzten Kapitels. Das erste ist die von Gott beabsichtigte Wirkung seines Wortes auf unser Leben. Mir ist klar, daß ich im Grunde damit sage, das Wort Gottes wirke sich noch nicht so in unserem Leben aus, wie Gott das gerne haben möchte. Wiederum drängt sich die Frage auf: „Warum?" Oder: „Was meinen Sie damit?"

Ich beziehe mich hiermit nicht nur auf die einfache, traurige Tatsache, daß zu viele von uns zu wenig in der Bibel lesen. Das ist zweifellos der Fall. Die meisten Christen benutzen ihre Bibel lediglich als Staubfänger auf ihrem Tisch oder ihrem Bücherregal. Wenn ich uns alle irgendwie aufrütteln und zu einer regelmäßigen, disziplinierten, täglichen Bibellese veranlassen könnte, würde ich das tun, mich selbst eingeschlossen. Doch wenn wir den fleischlichen Sinn seiner Macht berauben und unseren erneuerten Sinn mit den Wegen des Herrn in Einklang bringen wollen, gilt es, eine noch wichtigere Lektion zu lernen.

Werfen Sie noch einmal einen Blick auf die erste der eingangs zitierten Schriftstellen – diesmal in der wörtlichen Übertragung der englischen New International Version – und beachten Sie die Hervorhebungen: „In meinem *HERZEN* habe ich dein Wort *VERBORGEN*, damit ich nicht gegen dich sündige" (Ps 119,11; Hervorhebungen vom Autor).

Eines Tages kam der Herr zu mir und sagte wie so oft: *„John, du hast diese Bibelstelle nicht verstanden."*

„Welche Bibelstelle, Herr?"

„Psalm 119,11. Du liest sie immer falsch und zwar so: 'Ich habe dein Wort im Sinn, damit ich nicht gegen dich sündige.'" Er fuhr fort: *„John, du stehst nicht, wir würden dann zu sündigen aufhören können, wenn wir das Wort im Sinn haben. Das Wort muß bis in unser Herz vordringen, denn 'wie ein Mensch in seinem Herzen denkt, so ist er'"* (Spr 23,7; wörtl. a. d. Engl.).

Ich kam ins Denken oder, besser gesagt, ich fing an wie Maria diese Dinge *„in meinem Herzen zu erwägen"* (Lk 2,19). Nach einer Weile wurde mir klar, daß wir alle, die wir im christlichen Seelsorgedienst stehen, schon buchstäblich Hunderten von wiedergeborenen Christen dienten, die von ihrem Verstand her das Wort Gottes in- und auswendig und womöglich viel besser als wir selbst kennen und deren Leben dennoch ein einziger Scherbenhaufen ist!

Gott sagte zu mir, es reiche nicht aus, sein Wort vom Verstand her zu kennen; er wollte, daß ich darüber nachdachte, bis mir klar wurde, daß es seinen Worten zufolge mit innerer Heilung und Hingabe allein auch nicht getan sei. *Vielmehr sagte er, das Wort müsse irgendwie vom Sinn ins Herz gelangen, wenn es uns wirkungsvoll von der Sünde abhalten soll.*

Je mehr ich darüber nachsann, desto klarer wurde mir, daß das Wort „verborgen" oder „verwahrt" in dieser Bibelstelle eine besondere Bedeutung hat, ja förmlich ein Schlüssel ist, mit dem man ein Geheimnis des vollmächtigen Christenlebens aufschließen kann.

Schließlich mußte ich zum Herrn zurückgehen und ihm die einfache Frage stellen: „Herr, wie wird das Wort Teil des Herzens und nicht nur des Sinnes?" Seine Antwort war genauso einfach: *„John, wenn jemand das Wort nur liest, ja selbst wenn er es auswendig lernt, wird es dadurch noch nicht Teil seines Herzens. Es ist nach wie vor nur in seinem Sinn. Doch wenn er das Wort im aufopferungsvollen Dienst am Nächsten praktisch umsetzt, gelangt das Wort vom Sinn ins Herz."*

Wieder war es an der Zeit, ein wenig darüber nachzugrübeln. Wir alle wissen, daß das stimmt, was er zu mir gesagt hat; die Wahrheit dieser Worte ist ein festes Zeugnis in unseren Herzen. Aber wir kennen auch viel zu viele Christen, die mit aller Kraft versuchen, dem Herrn zu dienen und die die Bibel sehr gut kennen, deren Lebenswandel jedoch so wenig an Christus erinnert, daß sich ihre Mitmenschen von ihnen abwenden! Einige von ihnen haben schon viel innere Heilung erlebt. Ein größerer Teil ist absolut fest entschlossen, wie Christus zu sein – und schafft es doch nicht. Offensichtlich ist das Wort noch nicht mit Macht vom Sinn in die Schaltzentrale ihrer Gefühle und Gedanken vorgedrungen, obwohl sie jeden Tag versuchen, ihm zu dienen.

Als ich diese Dinge bewegte, kam ein Ehepaar zu mir, in dessen Gemeinde es einige Mißstände gab, was sich besonders daran zeigte, wie ihr Pastor ihrer Meinung nach mit einigen Gemeindemitgliedern umging. Die beiden lasen jeden Tag eifrig im Wort Gottes. Leidenschaftlich liebten sie den Herrn und seine Gemeinde. Mit allem, was sie hatten, strebten sie danach, auf dem Weg Jesu zu gehen. Sie hatten den Eindruck, der Herr habe ihnen ein Wort für ihren Pastor gegeben, was dieser jedoch von sich gewiesen hatte. Als sie darauf beharrten, wies er nicht nur ihr Wort, sondern auch sie selbst zurück und warf sie aus der Gemeinde.

Der Herr wies mich sogleich darauf hin, daß es irrelevant sei, ob sie nun wirklich ein Wort von ihm gehabt hatten oder nicht (ich vermutete eher nicht). Als ich sie besuchte, *wurde sehr schnell offenbar* (da mein Sinn sich gerade mit dieser Thematik befaßte), *daß das Wort Gottes ganz eindeutig in ihrem Kopf, aber nicht in ihrem Herzen war*. Der Pastor hatte ihre ganze Art abstoßend gefunden, und ich konnte seine Reaktion nachvollziehen – mir wäre es genauso ergangen. Doch nach wie vor bohrte die Frage: „Warum? Was fehlt im Leben der beiden?"

Die Antwort finden wir in dem zweiten wichtigen Wort aus obigem Zitat: „verborgen“ oder „verwahrt“. Es reicht nicht, das Wort Gottes vom Verstand her zu kennen. Es reicht auch nicht aus, so lange gedient und das Wort in die Praxis umgesetzt zu haben, bis es im Herzen fest gegründet ist. Das Wort muß *verwahrt* werden!

Was heißt das? Auf jeden Fall mehr als „geschätzt“, mehr als „geachtet“, ja sogar mehr als „die Bibel lieben“. Vielmehr hat es etwas mit Hingabe zu tun, ja noch mehr als das: Es geht um eine so innige Erfahrung, daß ich nicht in der Lage bin, sie mit Worten zu beschreiben.

Ein Vergleich: Wenn Paula und ich uns lieben, ist das für mich viel mehr als nur ein Gefühl. Es erschöpft sich nicht in dem Genuß und der Freude, von ihr umarmt und festgehalten zu werden. Vielmehr sind wir hingerissen voneinander, wir begegnen einander und binden uns aneinander. Man gibt sein ganzes Ich hin, aus ganzem Herzen, um den anderen zu segnen, und was daraus folgt, ist die unwiderrufliche Verschmelzung zweier Menschen zu einem einzigen.

Zum Verbergen oder Verwahren des Wortes Gottes in unserem Herzen gehört diese Art der Umarmung von Herz zu Herz. Sie bindet das Herz und den Sinn bis in alle Ewigkeit und unwandelbar an Gottes Wort, bis der erneuerte Sinn seufzt: „Endlich habe ich Ruhe gefunden. Ich bin zu Hause.“

Gottes Wort in unserem Sinn verwahren ist so etwas wie die unabänderliche Programmierung des inneren Computers, vergleichbar mit dem Ehebund: „Ich werde keine anderen Gedanken als diese haben!“ „Hier bleibe ich! Das ist der Todesstoß und das Wecklied meines Herzens. Was ich auf diesen Seiten lese, tötet jede Philosophie, jedes Gedankengebäude, das ich im Laufe meines Lebens errichtet habe und läßt meinen Sinn auferstehen, damit er bis in alle Ewigkeit in dieser Bahn läuft.“

Auf diese Art und Weise im Wort Gottes Wahrheit zu erkennen, führt förmlich zu einer inneren Aufwallung, zu einem Schauder – innige Umarmung und gleichzeitiger Tod, es läuft einem eiskalt den Rücken hinunter, eine nie endende Bindung, eine ewige Weisung, die unser ganzes Wesen erfüllt und uns wie Luther auf dem Reichstag zu Worms sagen läßt: „Hier stehe ich. Ich kann nicht anders. Gott hilf mir.“

Ich spreche weder von einem kurzen, erlebnisstarken Augenblick, noch von etwas Mystischem. Ich beschreibe eine Einheit, eine Verpflichtung, einen festen Entschluß, eine Richtungsgebung für den Lebensweg, ein Zur-Ruhe-Kommen des Sinnes, der sagt: „Ich bin frei; ich kann bitten und fragen, was ich will; ich kann grenzenlos forschen und suchen und mich über das, was ich finde, freuen, *doch die Entscheidung, wo ich meine Zelte aufschlage und was mein Handeln bestimmt, ist ein für allemal getroffen. Ich bin in die Ruhe eingegangen.*"

Augustinus sagte im Hinblick auf die Seele, wir seien in Gott erschaffen worden und unruhig, bis wir zu ihm zurückkehren. Dasselbe gilt auch für unseren Sinn: Er verfügt sozusagen über eine zutiefst wesenseigene „Heuristik"*, d. h. er sucht unablässig und hartnäckig nach ewigen Wahrheiten, in denen er zur Ruhe kommen kann. Von seinem Anfang bis zu seinem Ende ist unser Sinn auf der Suche nach Wahrheit. Wir sind unruhig, bis wir sie gefunden haben. Doch wenn unser wiedergeborener Geist die Wahrheit des Wortes Gottes hört oder sieht, *springt er vor Freude, weil er etwas Vertrautes wiedererkennt.*

Es hat beinahe den Anschein, als ob wir die Wahrheit des Wortes Gottes schon seit Urzeiten kennen würden; wie ein Kind, das nach langer Zeit wieder nach Hause zurückkehrt und in der Ferne schon das Haus des geliebten Großvaters sieht, so springt unser Geist vor Freude; er erkennt das Altvertraute wieder und jubelt: „Ich bin daheim, endlich daheim." Und so wie seine Eltern kommt auch der Heimkehrer zur Ruhe und seufzt voller Erleichterung: „Hier sind meine Wurzeln. Hier bin ich wirklich ich selbst."

Sobald dieser Bund zwischen Herz und Sinn einerseits und der Wahrheit des Wortes Gottes andererseits zustandegekommen ist, ist 1. Johannes 3,9 wieder ein Stück mehr Realität geworden: „Keiner, der aus Gott geboren ist, tut Sünde; denn Sein Same bleibt in ihm, und er kann nicht sündigen, weil er aus Gott geboren ist" (Schlachter). Selbstverständlich wollen wir die Wiedergeburt in unserem Geist nicht mit dem, was wir hier beschreiben, in einen Topf werfen. Ich will auf die Tatsache

* Die methodische Gewinnung neuer Erkenntnisse (Anmerkung des Übersetzers).

hinaus, daß jeder Teil von uns sterben und von neuem geboren werden muß. Teil unserer Wiedergeburts-Erfahrung ist auch das Absterben unserer eigenen Gesinnung und das Auferwecktwerden zu einem Auferstehungsleben in Gottes Gesinnung.

Nachdem ich mein theologisches Seminar beendet hatte und im Sommer 1958 ordiniert wurde, beschloß ich, ungeachtet dessen, was meine Professoren gesagt hatten, zu glauben, daß die Bibel von Anfang bis Ende wahr ist, daß Jesus der ist, der er gesagt hat, daß die Wunder der Bibel so geschahen, wie sie niedergeschrieben sind, daß Jesus am Kreuz starb und von den Toten auferweckt wurde und daß jeder von uns wirklich von neuem geboren werden muß (wer nun schockiert darüber ist, welche Professoren ich auf dem Seminar hatte, den möchte ich daran erinnern, daß es ein überaus liberales und modernistisches Seminar war). Im Oktober jenes Jahres erwachte ich eines Tages aus einem tiefen Schlaf und sprach in Zungen, ohne zu wissen, was das war – der Heilige Geist wußte in seiner Weisheit, daß er mein Bewußtsein würde umgehen müssen, und fiel deshalb auf mich, während ich schlief!

Ab diesem Zeitpunkt schloß ich mich in jeder Minute, die ich von meinen gemeindlichen Verpflichtungen abzweigen konnte, in meinem Arbeitszimmer ein und verschlang das Wort Gottes, Stunde um Stunde, drei Jahre lang ohne Unterbrechung. Vorher war das Lesen und Verstehen der Bibel immer ein Kampf gewesen, doch jetzt sprangen mir die Worte förmlich entgegen und drangen in meinen Sinn und in mein Herz! Dieses herrliche Wiedererkennen der Wahrheit, Tod, Neugeburt und dieser innerliche Bund, all das setzte sich fort, Tag für Tag, Augenblick für Augenblick. Mein Sinn war dabei, sein ewiges Zuhause zu finden und genoß dies in vollen Zügen. Immer und immer wieder, nach jeder neuen Entdeckung, betete ich die Gebete, die in den Anfangskapiteln dieses Buchs vorgestellt wurden: „Herr, ich will meine eigene Gesinnung nicht. Töte meinen Sinn… schenk mir deinen Sinn. Ich entsage allem, was ich gedacht und gekannt habe und nehme das an, was ich hier lese."

Ich ging natürlich davon aus, daß alle anderen Christen ähnliche Erfahrungen machen würden. Erst in letzter Zeit habe ich begriffen, was mit unzähligen Christen geschehen ist. Vielleicht wurden sie ja so erzogen, ihren Glauben in einer weniger extravaganten Art und Weise zu leben. Aus welchem Grund auch immer haben sie scheinbar angenommen, ihr Sinn sei in dem Moment vollständig gestorben und in den Sinn Christi hinein wiederauferstanden, als sie Jesus als Herrn und Heiland annahmen.

Sterben und Auferstehen als andauernder Prozeß

Schon bald nach meiner Bekehrung erkannte ich, daß unser altes Ich, unser fleischlicher Charakter, immer und immer wieder in den Tod gezogen werden muß, nachdem wir Jesus angenommen haben. Diese Erkenntnis und Notwendigkeit ist die Grundlage all unserer Bücher und Kassetten über Heiligung und Umgestaltung. Doch erst nach jahrelangen fruchtlosen Bestrebungen, wenigstens ein paar Menschen dazu zu bringen, ihre Heilung festzuhalten, gelangte ich schließlich gezwungenermaßen zu der Erkenntnis, daß so wie unser verdorbener Charakter nach seinem Tod wieder aufsteht und immer wieder ans Kreuz gebracht werden muß, *auch unser rebellischer, fleischlicher Sinn getötet und wiedergeboren werden muß, immer und immer wieder, Tag für Tag.*

Ich mußte der traurigen Tatsache ins Auge sehen, daß diese Gedanken nur sehr wenigen Christen vertraut sind. Wenn Paula und ich über die Notwendigkeit des fortwährenden Todes und der fortwährenden Auferstehung in unserem Sinn lehren und ich die Zuhörer frage, ob sie Jesus jemals gebeten haben, ihren Sinn zu töten und sie ganz neu an sein Wort zu binden, heben von mehreren hundert Anwesenden vielleicht drei oder vier die Hand!

Wenn man die Frage stellt, was es denn bedeute, wiedergeboren zu sein, fällt man buchstäblich ins Nichts. Da ist es kein Wunder, daß die Christen nach wie vor so denken wie die Menschen in der Welt, ohne sich darüber im klaren zu sein! In gewisser Hinsicht ist ihr Sinn nie vollständig wiedergeboren worden. Sie fühlen und denken immer noch so, wie sie es von früher her gewöhnt sind und meinen doch, das rechte Denken zu haben, weil sie ja eine neue Schöpfung in Christus sind. Es ist eine Ironie des Schicksals, daß sie tatsächlich eine neue Schöpfung sind – vom Verstand her und was ihren Stand betrifft. Aber sie haben es sich noch nicht in der Tiefe ihres Sinnes zueigen gemacht. Sie haben ihre „drei Jahre“ noch nicht durchlebt, diese tagtägliche Erfahrung des Sterbens, der Auferstehung und des geistigen Bundes mit dem Wort Gottes.

Irgendwie müssen die Leute einfach erkennen, daß dies möglich und notwendig ist. *So wie unser altes Wesen nach der Bekehrung durch den Prozeß der Heiligung und Umgestaltung durchgeschleust werden muß, so beharrlich muß auch unser Sinn gekreuzigt und von neuem geboren werden.* Auf der tiefsten Ebene, wo sich der Wille erhebt, um das Leben festzuhalten, dort muß dieser gesegnete Bund zwischen dem Wort Gottes und dem sich nach Leben sehnenden Sinn geschlossen werden. Bis in die letzten Winkel unseres Sinnes soll es Widerhall finden: „Das (Wort Gottes) ist die Realität! Mit allem, was in mir ist, werde ich mich daran klammern.“

Leider wird diese Art innerer Bund zwischen dem Sinn und dem offenbarten Wort Gottes nicht automatisch geschlossen. Wir müssen uns danach ausstrecken. Nur der Herr kann ihn schließen. Es liegt an uns, ihn voll Leidenschaft zu suchen.

Darf ich einen dringenden Aufruf an alle Leser richten? Lesen Sie nicht nur in der Bibel (auch wenn es eine große Hilfe wäre, wenn Sie zumindest dies regelmäßig tun würden), sondern wenn Sie lesen, beten Sie leidenschaftlich dafür, daß Ihr eigener Sinn zum Tod ans Kreuz Christi kommt und daß Ihr Sinn und Ihr Herz unwiderruflich mit den Wahrheiten Christi verknüpft werden, damit Sie fühlen, denken und tun, was sein Wort sagt. *Beten Sie tausendmal für die Bekehrung Ihres Sinnes.* Um Jesus als Herrn und Heiland Ihrer Seele anzunehmen, ist nur eine Entscheidung erforderlich; aber es sind tausende von konsequenten Entscheidungen nötig, um unser gesamtes Leben mit dem Wort Gottes zu verschweißen.

Der Weg des Wortes Gottes vom Sinn ins Herz

Gehen wir nun zurück zu einem Prinzip, das bereits erwähnt wurde: dienen, bis das Wort Gottes vom Sinn ins Herz gelangt. Vielleicht gibt es einen Ausweg aus diesem Dilemma. Es gibt eine Antwort auf die Frage, warum meine Freunde, die so eifrig bestrebt waren, dem Herrn zu dienen, aus der Gemeinde ausgeschlossen werden mußten, weil ihre Art Anstoß erregte. Die Antwort ist einfach: zu wenig Tod.

Als sie das Wort Gottes lasen und es in die Tat umsetzten, verflocht es sich mit ihrem Herzen, *jedoch mit ihrem nicht erneuerten Herzen*. Infolgedessen brachten sie aufgrund ihres verkehrten Bibelverständnisses rationale Argumente – mit Rückendeckung durch ewige Wahrheiten – vor, die in ihnen nur noch größere Verwirrung stifteten. Das hörte sich dann so an: „Wie kannst du es wagen, die Worte der Bibel in Frage zu stellen! Du weißt ganz genau, daß ich recht habe." Loren hat im achten Kapitel ja bereits verdeutlicht, was hier geschieht: Ihr fleischlicher Sinn war schnell dabei, die Irrwege ihres Herzens zu rechtfertigen – mit Rückendeckung durch den Absolutheitsanspruch der Heiligen Schrift!

Deshalb gehören diese beiden Worte unbedingt zusammen: „In meinem *Herzen* habe ich dein Wort *verwahrt* ..." Dieses Wort „verwahrt" beinhaltet die tausendfache Erfahrung, daß man demütig alten Prägungen und Denkgewohnheiten abstirbt. Wenn der Tod des Ego, die Einheit mit Gott und somit mit seinem Wort und der Dienst Hand in Hand gehen, werden Herz und Sinn hingerissen sein vom Segen göttlicher Gedanken.

In der Praxis funktioniert das folgendermaßen: Ich diente einer Frau, die von einem allgegenwärtigen Muster der Ablehnung drangsaliert wurde. Ihr Mann verließ sie ohne eine Erklärung. Ihre Freunde ließen sie im Stich, obwohl sie ihnen – wie Dorkas in der Apostelgeschichte – aufopferungsvoll und unaufhörlich diente (und ich wußte, daß auch sie mit ihr beisammen sein wollten). Die Bibel sagt, wir ernten, was wir säen (Gal 6,7). Deshalb machte ich mich auf die Suche, was sie wohl gesät hatte, und fand heraus, daß ihr Vater starb, als sie sechs war und ihre Brüder, einer nach dem anderen, ihr Zuhause – und somit auch sie – verließen.

In ihr entstand das von einer bitteren Wurzel herrührende Urteil, alle Männer und Freunde würden sie stets verlassen; diese Erwartungshaltung donnerte so auf die anderen Leute nieder, daß jene diesem Druck auf einmal nachgaben, ohne zu wissen warum. Die Frau bekannte ihre Urteile als Sünde, und wir brachten dieses Muster, diese Erwartungshaltung, im Leben würde es ihr doch nie anders ergehen, zum Tod ans Kreuz. Ihr Mann kam zu ihr zurück; ihre Freunde tauchten wieder auf. Ihr Gesicht strahlte vor Freude – und ich wußte und feierte die

Freude des Herrn darüber, daß sein Kind wiederhergestellt worden war!

Diese Erfahrung, vervielfacht durch hunderte von Ratsuchenden, bindet mein Herz und meinen Sinn in Freude und Liebe an den Herrn und sein Wort. Ich sehe, wie es funktioniert, und mein Herz ist begeistert darüber, ein Partner Christi in seiner Liebe zu Gottes Kindern zu sein. Deshalb liebe ich sein Wort, und mein Sinn wird nur noch stärker an seinen Sinn gebunden.

Jemand schilt mich ungerechtfertigterweise. Doch ich habe mein Herz und meinen Sinn fest an den Herrn und sein Wort gekettet und sein Wort in meinem Herzen verwahrt. Aus diesem Grund erinnert mein erneuertes Herz meinen Sinn schlaglichtartig an die Bibelstellen, die mir sagen, was ich zu tun habe: „Brüder, wenn auch ein Mensch von einem Fehltritt übereilt wird, so bringt ihr, die Geistlichen, einen solchen im Geist der Sanftmut wieder zurecht“ (Gal 6,1). „Wenn dein Bruder sündigt, so weise ihn zurecht, und wenn er es bereut, so vergib ihm“ (Lk 17,3). „Eine sanfte Antwort wendet Grimm ab, aber ein kränkendes Wort erregt Zorn“ (Spr 15,1). „Wenn möglich, so viel an euch ist, lebt mit allen Menschen in Frieden“ (Röm 12,18). „Vergeltet niemand Böses mit Bösem“ (Röm 12,17). „Wer sagt, daß er im Licht sei, und haßt seinen Bruder, ist in der Finsternis bis jetzt. Wer seinen Bruder liebt, bleibt im Licht, und nichts Anstößiges ist in ihm“ (1. Joh 2,9-10). Das Wort Gottes leitet meinen Sinn auf dem Weg des Friedens, und jedesmal, wenn ich erlebe, wie es gelebt wird, wird die Liebe meines Herzens zu Gottes Wegen noch größer.

Je mehr ich zusammen mit meinem Herrn mein Leben hingebe, um andere durch Liebe zum Leben zu führen, und miterlebe, wie seine Wahrheiten wirken, um denen, die er liebt, zu helfen und sie zu heilen, desto größer wird meine Dankbarkeit ihm und seinem Wort gegenüber. So wie das Kreuz meine alten Denkweisen und Gefühle *tötete*, so macht jetzt der Dienst in der Auferstehungskraft Christi gemäß seinem Wort den Sinn und das Herz Christi in mir jeden Tag ein Stück *lebendiger*. Ich kann nichts tun, außer ihn für seine Barmherzigkeit zu preisen und ihm zu danken, daß er mich auserwählt hat, um ihm zu dienen. Er läßt mich dienen, ungeachtet dessen, daß mein Ich sündhaft ist, er vollbringt alles in mir und durch mich und dann segnet er mich, so als ob ich alles ganz allein getan hätte! Was ist er doch für ein wunderbarer Herr!

11

Sich von Gott lieben lassen

Seht, welch eine Liebe uns der Vater gegeben hat, daß wir Kinder Gottes heißen sollen! Und wir sind es. Deswegen erkennt uns die Welt nicht, weil sie ihn nicht erkannt hat. Geliebte, jetzt sind wir Kinder Gottes, und es ist noch nicht offenbar geworden, was wir sein werden; wir wissen, daß wir, wenn es offenbar werden wird, ihm gleich sein werden, denn wir werden ihn sehen, wie er ist. *Und jeder, der diese Hoffnung auf ihn hat, reinigt sich selbst, wie er rein ist* (1. Joh 3,1-3; Hervorhebung vom Autor).

Und hieran erkennen wir, *daß wir ihn erkannt haben: wenn wir seine Gebote halten*. Wer sagt: Ich habe ihn erkannt, und hält seine Gebote nicht, ist ein Lügner, und in dem ist nicht die Wahrheit. *Wer aber sein Wort hält, in dem ist wahrhaftig die Liebe Gottes vollendet.* Hieran *erkennen* wir, daß wir in ihm sind. *Wer sagt, daß er in ihm bleibe, ist schuldig, selbst auch so zu wandeln, wie er gewandelt ist* (1. Joh 2,3-6; Hervorhebungen vom Autor).

Wenn ihr irgendeine Ermutigung daraus bekommt, *mit Christus vereint zu sein*, irgendeinen Trost aus seiner Liebe, wenn ihr irgendeine Gemeinschaft mit dem Geist habt, wenn inniges Mitgefühl und Erbarmen … vorhanden sind, *so macht meine Freude dadurch vollkommen, daß ihr eines Sinnes seid, indem ihr die gleiche Liebe hegt und einmütig dem gleichen Ziel zustrebt* und nichts aus Selbstsucht oder eitlem Ehrgeiz tut, sondern in Demut einer den andern höher als sich selbst erachtet; jeder habe nicht seinen eigenen Vorteil im Auge, sondern jeder auch den des andern. Solche Gesinnung wohne in euch allen, wie sie auch in Christus Jesus vorhanden war; denn obgleich er

Gottes Wesensart besaß, sah er doch das Gleichsein mit Gott nicht als einen gewaltsam festzuhaltenden Raub an; nein, er entäußerte sich selbst seiner Herrlichkeit, indem er Knechtsgestalt annahm, ganz in menschliches Wesen einging und in seiner leiblichen Beschaffenheit als ein Mensch erfunden wurde; er erniedrigte sich selbst und wurde gehorsam bis zum Tode, ja, bis zum Tode am Kreuz. Daher hat Gott ihn auch über die Maßen erhöht und ihm den Namen verliehen, der jedem anderen Namen überlegen ist, damit beim Namen „Jesus" sich jedes Knie aller derer beuge, die im Himmel und auf der Erde und unter der Erde sind, und jede Zunge bekenne, daß Jesus Christus der Herr ist, zur Ehre Gottes, des Vaters (Phil 2,1; wörtl. a. d. Engl.; V.2-11; Menge; Hervorhebungen vom Autor).

Schon seit Monaten, vielleicht auch schon seit mehr als einem Jahr, gibt der Heilige Geist Paula und mir in unserer Morgenandacht stets dieselben beiden Bibelverse und das mindestens vier- oder fünfmal im Monat. Jeden Tag nennt er uns Kapitel- und Versangaben von Schriftstellen und fordert uns auf, sie nachzuschlagen. Normalerweise wissen wir nicht, was sich hinter einer Versangabe verbirgt, bevor wir nachgelesen haben, doch diese Passagen sind uns mittlerweile schon so vertraut, daß wir nur noch stöhnen: „O nein, nicht schon wieder. Was will er uns bloß damit sagen!?" Es geht um Psalm 102,7-8:

Ich gleiche dem Pelikan der Wüste; ich bin wie das Käuzchen in den Ruinen. Ich wache und bin wie ein einsamer Vogel auf dem Dach.

und Markus 8,18:

AUGEN HABT IHR UND SEHT NICHT? UND OHREN HABT IHR UND HÖRT NICHT? Und erinnert ihr euch nicht …? (Hervorhebung vom Autor)

Wir beteten unaufhörlich für jeden, der sich womöglich einsam und abgelehnt fühlte. Wir dachten dabei an Freunde, die unter Verfolgung oder Ablehnung litten. Wir leisteten Fürbitte für jeden, der uns in den Sinn kam und auf den diese Bibelverse passen könnten. Doch wir spürten in unserem Geist, daß wir noch nicht begriffen hatten, was uns der Herr eigentlich sagen wollte; immer und immer wieder erinnerte er uns an diese Stellen. Das Ganze wurde langsam peinlich und richtig ärgerlich; wir konnten einfach nicht verstehen, wovon er sprach.

Dann predigte unser Sohn Loren darüber, daß Jesus von uns die Erlaubnis bekommen möchte, uns zu lieben; daß es ihm in seinem Herzen weh täte, wenn wir ihm nicht gestatten, uns seine Liebe zu zeigen, wo er doch so viel davon hat; daß Gott uns in Jesus in seine Arme schließen wolle und, obwohl er Gott sei und eigentlich niemanden „brauche", er sich dazu entschlossen habe, unsere Liebe zu brauchen. Loren sprach darüber, wie er sich als menschlicher Vater oft danach sehne, seine Kinder festzuhalten und zu umarmen; doch mittlerweile seien sie ja schon Teenager und wollten von ihm nicht mehr so oft wir früher umarmt werden (oder zumindest glaubten sie das); manchmal verletze ihn das und er sehne sich so nach ihrer Liebe. Er sagte: „Bei Gott ist das genauso, nur noch viel stärker. Gott fühlt sich verletzt und einsam, wenn wir ihm nicht täglich erlauben, Gemeinschaft mit uns zu haben, damit er uns seine Liebe zeigen kann."

Uns ging ein Licht auf und wir mußten weinen! Wie geduldig und sanft hatte Gott versucht, uns das beizubringen. Wir gaben unser Leben hin im Dienst und in der Liebe *zu* ihm, *dachten jedoch nie daran, uns Zeit dafür zu nehmen, daß er uns lieben kann, was ihm so viel Freude bereitet*! Uns war nie klar gewesen, daß er das braucht. Deshalb konnten wir auch nicht begreifen, was er uns sagen wollte. Der Gedanke, der Gott des ganzen Universums könnte Gemeinschaft mit uns haben wollen, ja sie sogar brauchen, nur damit er uns mit großer Freude seine Liebe zeigen könne, war uns viel zu abwegig! Doch es stimmt. Das ist das große Geheimnis und das Großartige an seiner Liebe zu uns. „Und darum *verlangt* der Herr danach, euch Gnade zu erweisen, und *darum erhebt er sich, sich euer zu erbarmen*" (Jes 30,18; Menge; Hervorhebungen vom Autor).

Wir gaben ihm das Gefühl, er sei ein einsamer Vogel auf dem Dach, ein Käuzchen in den Ruinen oder ein Pelikan in der Wüste! Wir konnten nicht sehen. Wir konnten nicht hören. Wir hatten seine Liebe zu uns verletzt.

Bibelstellen und Versfragmente schossen uns durch den Kopf: „Also hat Gott die Welt geliebt ..." (Joh 3,16; LÜ) „*Gott* ist *Liebe*" (1. Joh 4,16; Hervorhebung vom Autor). „Seht, welch eine Liebe uns der Vater gegeben hat ..." (1. Joh 3,1). „Hieran haben wir die Liebe erkannt, daß er für uns sein Leben hingegeben hat ..." (1. Joh 3,16). „Wer nicht liebt, hat Gott nicht erkannt, denn Gott ist Liebe" (1. Joh 4,8). „Wir lieben, weil er uns zuerst geliebt hat" (1. Joh 4,19). „Jerusalem, Jerusalem, die da tötet die Propheten und steinigt, die zu ihr gesandt sind! *Wie oft habe ich deine Kinder versammeln wollen*, wie eine Henne ihre Küken versammelt unter ihre Flügel, und ihr habt nicht gewollt!" (Mt 23,37; Hervorhebung vom Autor) Er will, er sehnt sich danach, uns unter seinen Flügeln zu sammeln, so wie eine Mutter ihr Kind an sich schmiegen möchte.

Gott will Gemeinschaft mit uns haben

Schließlich erkannten wir: Ja, wir hatten gewußt, daß Gott uns liebt; schließlich hat er ja seinen Sohn gesandt, damit dieser für uns persönlich starb. Doch irgendwie gehörte das der Vergangenheit an; diese Erkenntnis war uns irgendwie abhanden gekommen. Wir wußten, daß er uns ganz persönlich liebt... aus der Ferne, irgendwo dort oben im Himmel. *Dieses Wissen, daß er uns wirklich liebt, hatte sich in unserem Sinn nicht mit der Offenbarung verknüpft, daß er sich danach sehnt, jederzeit eine enge, innige Gemeinschaft mit uns zu haben!* Jesus am Kreuz ist sein Liebesbeweis.

Wir lasen uns zwar oft laut vor, daß sich der Herr *über* uns freue und hatten uns auch auf diese konkrete Aussage fixiert. Doch prägnanter und korrekter heißt es in Jesaja 62,4: „Der Herr hat *Lust an dir*" (LÜ). Es kam uns irgendwie anmaßend oder gar arrogant vor, die Möglichkeit in Betracht zu ziehen, Gott selbst habe *„Lust" an* uns, sehne sich danach, *bei* uns zu sein und *genieße* unsere Gemeinschaft.

Seit jener Predigt *ist es ein unbeschreiblicher Segen, frühmorgens aufzustehen, sich in die Gegenwart Gottes zu begeben und ihm die Freude zu lassen, mich zu lieben!* Ich spüre, wie seine Gnade und Herrlichkeit mich an sein Herz ziehen und sonne mich wie ein Kind am Sandstrand im warmen Licht seiner Liebe. Wie entspannend, angenehm und herrlich das ist!

„... und zwar ist unsere Gemeinschaft mit dem Vater und *mit* seinem Sohn Jesus Christus“ (1. Joh 1,3). Das war nie zu mir durchgedrungen: *„Gemeinschaft“* – Begegnung und Umarmung, gegenwärtig und aktiv, „mit“ dem Vater und dem Sohn! Das waren immer wunderschöne Worte gewesen, eine Beschreibung der Beziehung zwischen Gott und Mensch in der Vergangenheit. Doch jetzt beschreiben sie die reale Gegenwart, das Hier und Jetzt! Sie schwärmen davon, wie Gott gegenwärtig und zum Greifen nahe ist, nein, mehr als nur zum Greifen nahe, wie er aktiv wird, die Initiative ergreift und mich erwählt, mich jeden Tag sucht und mich voll Zuneigung berührt, ganz persönlich, ganz real! Der Herr des Lebens und der Liebe sehnt sich danach, die Erlaubnis zu bekommen, liebevoll für mich zu sorgen; wenn ich ihm erlaube, mir seine Liebe zu zeigen, ist das für ihn eine Lust und ein Segen – ein Wunder, das unser menschliches Verständnis übersteigt!

Für unseren Sinn ist dies eine überwältigende Erfahrung, die ihn über seine eigentliche Fähigkeit, nämlich Dinge rational zu begreifen, hinausführt. *Mehr als alles andere ist es Gottes Liebe, die den fleischlichen Sinn entthront und den erneuerten Sinn etabliert.* Nur ein Sinn, der in Jesus erneuert ist, kann die Wucht dieser Offenbarung ertragen, daß der Gott des Universums sich danach sehnt, diesen winzig-kleinen Menschen auf dieser winzigen Erde zu umhegen – **mich**!

Vielleicht sind wir ja auch „Spätzünder“, und nahezu alle anderen haben diese Dinge schon erkannt. Doch ich bezweifle das.

Betrachten wir nun, welche Auswirkungen diese Art der liebevollen Gemeinschaft auf die bisher erörterte Erneuerung des Sinnes hat. Wir fragten uns, warum so viele Christen das Wort Gottes zwar vom Verstand her begreifen, die Worte jedoch nicht bis zum Herzen *vordringen* und sich nicht jeden Moment in all ihren Lebenssituationen *auswirken*. Im vorigen Kapitel betonten wir die Notwendigkeit, das Wort „im Herzen zu verwahren“, bis unser inneres Wesen in seiner Gesamtheit einen

Bund mit diesem Wort schließt und sich verpflichtet, nach dessen Geboten zu leben. Doch wir wiesen auch darauf hin, daß einige Christen das Wort Gottes nicht an das erneuerte, sondern nur an das alte Herz binden können! Diesbezüglich ist „sich von Jesus lieben lassen" die Antwort. Wenn wir uns von ihm lieben lassen, lernen wir ihn kennen. Unser Geist begegnet ihm und saugt seine Güte förmlich auf. Dann werden wir augenblicklich und problemlos erkennen, wenn in unserem Leben etwas nicht mit dem Wesen Christi übereinstimmt.

Es reicht nicht, einmal in der Woche durch seine Liebe Nahrung zu bekommen. So wie Satan seine Verunreinigungen über Eva ergoß, bis sie alles vergaß, was sie gewußt hatte, so entziehen uns seine Verunreinigungen in der Welt Kraft, trüben unser „Erinnerungsvermögen" und legen unsere „Denkfabrik" lahm, bis wir wieder einmal Opfer von Verwirrung, Lug und Trug geworden sind. Wir bleiben nicht lange auf neutralem Boden. Entweder strecken sich unsere Wurzeln täglich, jeden Augenblick, tief nach seiner erquickenden Liebe aus, oder sie gehen auf Wanderschaft und suchen sich woanders Nahrung. „Bleibt in mir, so bleibe ich in euch. Wie die Rebe nicht von sich selbst aus Frucht bringen kann, wenn sie nicht am Weinstock bleibt, so könnt auch ihr es nicht, wenn ihr nicht in mir bleibt" (Joh 15,4; Menge).

Was ist in einer bestimmten Lebenssituation ausschlaggebend dafür, womit mein Herz meinen Sinn beeinflussen wird? Welches tief verwurzelte, falsche Motiv könnte die Denkprozesse meines Sinnes in Beschlag nehmen und versuchen, sich dessen Logik zu seinem Zweck gefügig zu machen? Was gibt mir die Sicherheit, daß mein Herz an meinen Sinn genau die Schriftstellen weitergibt, die ihm zum Segen werden und ihm die Möglichkeit geben, zu heilen und zu helfen, anstatt das Verlangen meines fleischlichen Herzens nach Sünde zu rechtfertigen? Was ist dafür verantwortlich, daß mein erneuerter Sinn einen soliden, ausgewogenen, weisen, christlichen Kurs einschlägt, wenn er versucht, meine Leidenschaften in Zaum zu halten und mein gesamtes Wesen zum Gehorsam gegenüber dem Wort Gottes zu führen? *Wer füttert meinen Sinn mit dem Guten, Gerechten, Reinen und Heiligen?*

Wer zögert, diese Fragen zu beantworten? *Mein Sinn, mein Herz und mein Geist müssen ganz und gar von der Liebe Gottes zu mir durchdrungen und förmlich noch „tropfnaß" sein, so daß sein liebendes Wesen in all meinen Gefühlen und Gedanken präsent und sichtbar ist!* Wie Jesus gesagt hat, kann sein liebevolles Wesen nur dann an uns offenbar werden, wenn wir in ihm *bleiben*.

Nehmen wir an, ich erfahre, jemand hätte mich verleumdet und Lügen über mich verbreitet. Ich habe mich jedoch gerade eben erst von Jesus mit seiner Liebe erfüllen lassen; mein Geist verleiht durch mein Herz der Liebe Jesu Ausdruck und erinnert meinen Sinn an großartige Schriftstellen über Mitgefühl und Vergebung. Doch wenn ich nachlässig gewesen bin und Jesus nicht genug Zeit gegeben habe, mich festzuhalten und zu umarmen, kapituliert mein geschwächter Geist vor dieser haßerfüllten Attacke, und ich ertappe mich dabei, wie ich im Inneren polemische Reden halte und mir ausdenke, wie ich dieser Person mal so richtig Bescheid stoßen kann. Mein Sinn ist fleischlich geworden und dient meinem aufsässigen Herzen, anstatt es zu leiten.

Paula steht unter Druck, und ihr fällt nicht auf, daß ihre Worte spitz und ihre Gesten abschätzig geworden sind. Wenn ich von Jesus weg bin, dann möchte ich mich in so einem Fall nur noch in meine Eishöhle verkriechen und sie hinaussperren. Ich spüre, wie sich die eisernen Tore meines Herzen schließen. Wenn ich meinem Fleisch gestatte, seinen Willen durchzusetzen, wird es eine ganze Weile dauern, bis ich mich wieder öffne und sie hereinlasse. Es bereitet mir ein perfides Vergnügen, sie zu strafen, indem ich mich einigle und sie ignoriere – es gibt nichts, was sie mehr auf die Palme bringt, und ich weiß das ganz genau!

Doch wenn ich unserem sanftmütigen und gnädigen Herrn erlaubt habe, mich durch und durch mit seiner liebenden Gegenwart zu erfüllen, habe ich nicht mehr das Verlangen zu fliehen. Meine eisernen Tore stehen offen und bewegen sich nicht. Der Geist Gottes sendet Liebe durch meinen Geist hindurch zu meinem Sinn und gründet ihn fest auf sein Fundament. Ich ruhe sicher in ihm, und mein Sinn spiegelt diese Haltung pflichtbewußt in all seinen Gedanken wider.

Betrachten Sie das als *notwendige Voraussetzung* für Vollmacht. Wir brauchen einen *starken Geist*, um fest zu stehen und das zu tun, was richtig ist, obgleich uns alles, was wir in der Welt gelernt haben, auffordert, fleischlich zu reagieren. In dieser Hinsicht könnte man uns vielleicht mit einem Auto vergleichen: Gleichgültig, wie teuer das Auto war, wie gut das Benzin ist oder wie toll der Motor „getunt" ist – wenn wir vergessen zu tanken, werden wir früher oder später stehen bleiben. Auf uns übertragen gilt analog: Gleichgültig, wie vorteilhaft sich unser christlicher Charakter schon entwickelt hat, wie gut wir uns in der Bibel und in der Theologie auskennen oder wie stabil unser Gefühlsleben normalerweise ist – wenn wir nicht kontinuierlich in Jesus bleiben, *wird sich unser altes Fleisch schon bald nachdem wir vergessen haben, uns von Jesus lieben zu lassen, wieder erheben und seinen negativen Einfluß geltend machen.*

Wir haben den Sinn Christi; doch hält auch er uns fest in seiner Hand? Wir haben das Herz unseres liebenden Gottes; kann sein Herz auch unsere Gemeinschaft genießen, jeden Augenblick, heute, gerade jetzt? Wir haben den Geist Gottes; regiert sein Geist uns, durchströmt er uns, ganz frisch und neu? „Wenn ihr nicht *in mir* bleibt ..."

Doch das ist keine Predigt, sondern eine Lehre. Nun stellen sich viele die Frage: „Wie kann ich so leicht und regelmäßig in die Gegenwart Gottes kommen? Ich will mich nicht umsonst abstrampeln. Ich habe es bis jetzt noch nie gespürt, daß er an meiner Seite ist und mich mit seiner Liebe erfüllt."

Wir reden hier nicht davon, daß es an uns wäre, über unsere Umzäunung zu steigen, um Gott zu finden und zu erleben. Es ist genau andersherum. Sich von ihm finden zu lassen, ist eine Disziplin, die nicht schwer ist. Vielleicht fühlen Sie seine Gegenwart und seine Salbung, vielleicht auch nicht. Es wäre großartig, ja am allerbesten, wenn Sie sie spüren könnten, aber das ist nicht ausschlaggebend. Ausschlaggebend ist Ihre Entscheidung zu glauben, daß Gott hier ist und Sie liebt, ungeachtet dessen, ob Sie das fühlen oder nicht; und daß Sie lange genug bei ihm verweilen, um seinem Heiligen Geist genügend Zeit zu geben, Ihr ganzes Ich mit seinem Wesen zu durchströmen.

Es ist notwendig zu glauben, daß Gott gegenwärtig *ist* und Sie lieben *will*, und sich fest zu entschließen, ihm Zeit zu geben

– zwar nicht notwendigerweise an einem Stück, aber Sie sollten sich im klaren und fröhlich darüber sein, daß er da ist und alles Gute und Reine, was wir tun, genießt: Wenn wir einen Freund begrüßen, ist Gott Teil unserer Gemeinschaft und freut sich über unser Wiedersehen. Wenn unser Kind uns die Arme entgegenstreckt und sagt: „Heb mich hoch", dann sind es die Arme des Herrn, die sein Kind festhalten und lieben. Immer, wenn wir etwas tun, das „... wahr... ehrbar... gerecht... rein... liebenswert... unanstößig... eine Tugend... etwas Lobenswertes ..." ist (Phil 4,8; Menge), dann ist unser Herr Jesus dabei, erlebt und durchlebt es voll Freude mit uns und in uns.

Gottes Schöpfungswerk dauerte sechs Tage, und an jedem Abend sah er, daß sein Werk „gut" war. Als er am letzten Tag den Menschen als Mann und Frau schuf, „... (sah) Gott *alles*, was er gemacht hatte, und siehe, es war *sehr gut*" (1. Mo 1,31). Unser Herr ist ein Schöpfer, der sich über alles freut, was er gemacht hat.

Was bedeutet dies? Manchmal schmunzelt er über uns, mal weint er um uns, ob uns das bewußt ist oder nicht. Doch die frohe Botschaft dieses Kapitels lautet, daß seine und unsere Freude noch viel größer wird, wenn wir uns dessen bewußt sind und *ihn einladen*, mit uns zu leben. Der Schlüssel hierzu ist unser *freier Wille*. Unser liebender Herr Jesus ist ein Gentleman und wird sich niemals über unseren Willen hinwegsetzen.

Wenn wir nicht wissen, daß er in unseren guten Taten gegenwärtig ist oder dieser Tatsache gleichgültig gegenüberstehen, fühlt er sich auch nicht willkommen und aufgefordert, die Tiefen unseres Sinnes und unsere Motive mit seinem Heiligen Geist zu durchströmen. *Doch wenn wir an seine Gegenwart glauben und sie zu schätzen wissen, begrüßt und genießt er unsere Einladung, unser Herz, unseren Sinn und unseren Geist mit seiner Liebe und somit mit seinem ganzen Wesen zu durchdringen.*

Wenn wir wissen, daß er in unseren Taten gegenwärtig ist, wird nicht nur die Tiefe unseres Sinnes von seinem Geist durchströmt; dieses Bewußtsein dient uns auch zur Selbstkontrolle: „Herr, magst du den Sexfilm, den wir uns gerade anschauen? Macht's dir Spaß?" „War das nicht irre, wie ich diesen Typen gerade zur Minna gemacht habe? Heut sind wir echt gut drauf, oder?" Ja ich habe sogar festgestellt, daß dies einen unmittelbaren Einfluß auf meinen Fahrstil hat. Sobald die Tachonadel über das Tempolimit hinausgeht, spüre ich Gottes Mißfallen; ich tue Buße und nehme den Fuß vom Gas. Genauso spüre ich auch seine Freude, wenn wir verkehrsgerecht fahren. Es macht Spaß und wird leicht, sich richtig zu verhalten. Ich möchte ihm so gerne gefallen; ich möchte, daß er mit ungetrübter Freude mein Tun verfolgen kann – im Auto, in Gesprächen mit anderen, in finanziellen Dingen, in allen ethischen und moralischen Entscheidungen.

Sobald wir mit jeder Faser unseres Seins wissen, daß der Geist unseres Herrn jede rücksichtsvolle Tat durchströmt, jedes sanfte und mitfühlende Wort, jeden Liebesbeweis, jeden Akt der Vergebung, wird eine Last von unseren Schultern genommen, und wir kommen zur Ruhe. Wir begreifen, wie real die Worte Jesu sind: „Mein Joch *ist* sanft und meine Last *ist* leicht" (Mt 11,30). Unser Sinn ruht in der Weisheit Gottes. Unser Herz ruht in den Gefühlen Gottes. „Wessen Sinn auf dich ausgerichtet wird, den wirst du in vollkommenem Frieden bewahren, *weil er dir vertraut*" (Jes 26,3; wörtl. a. d. Engl.; Hervorhebung vom Autor).

So wandeln die Söhne Gottes in seinem Geist (Röm 8,14) – sie erkennen und feiern, daß unser heiliger und ehrfurchtgebietender Schöpfergott auch unser stets gegenwärtiger und engster Freund ist, der seine Lust an uns hat, während wir unsere einfachen, täglichen Aufgaben erledigen und uns am Leben freuen.

Man braucht keine umfangreiche geistliche Erfahrung zu haben, um in Gott zu bleiben; man muß lediglich wissen und glauben, daß er da ist, daß er in uns ist, daß sein und unser Wesen eins sind, daß er für uns ist, gegenwärtig in allem, was wir tun. Dieses Bewußtsein ist die Einladung an ihn, sein Leben mit uns zu teilen; und wenn sein Geist infolgedessen alle Korridore unseres Denkens und Fühlens durchströmt, wird unser Sinn umgestaltet.

Lassen Sie sich von Gott lieben.